重塑資本主義，推動實質變革，
特斯拉、聯合利華、IKEA都積極投入

影響力革命

IMPACT

Reshaping Capitalism to Drive Real Change

羅納德．柯恩爵士Sir Ronald Cohen 著
張嘉文 譯

本書獻給我的太太雪倫、女兒和女婿塔瑪拉和沃爾，以及兒子強尼，你們是我這次革命中最親愛的夥伴。最誠摯的謝意獻給我具開拓精神的同事，包括橋基金管理公司（Bridges Fund Management）、社會投資工作小組（Social Investment Task Force）、全球的社會金融（Social Finance）、無人認領資產委員會（Commission for Unclaimed Assets）、大社會資本（Big Society Capital）、全球影響力投資工作組（Global Steering Group for Impact Investment）、G8社會影響力投資工作小組（G8 Social Impact Investment Taskforce）、影響力管理項目（Impact Management Project），以及影響力加權會計帳目計畫（Impact-Weighted Accounts Initiative），你們是勇敢的戰友。正是由於你們的領導、努力和遠見，影響力革命才得以到來。我也要由衷感謝好同事耶爾・班—大衛（Yaelle Ben-David）進行本書的研究，以及她毫無動搖的決心和堅定的支持。

親愛的讀者：

在本書付梓之際，人類經濟正因冠狀病毒而處於封鎖狀態。我們經濟體中的許多重大行業戛然而止、失業率上升到大蕭條以來未曾見過的水平，外加股市崩盤。這次經濟和金融體系面臨的壓力，可能比二〇〇八年崩盤期間經歷的壓力大好幾倍。在世界各地，受災最嚴重的人，再一次是社會中最脆弱的人。我希望本書揭示的新思想，能引導政府在制定大規模的經濟措施時，以對社會產生最大的積極影響作為考量。面對這場嚴重危機，我們的經濟反應必須實現社會正義，這樣人類才不會帶著更大的痛苦、不平等，以及對制度不公平的暴力反抗來擺脫困境。

羅納德・柯恩爵士

CONTENTS
目錄

前言

鼓舞市場資本，解決永續挑戰

大約二十前，我在慶祝安佰深集團（Apax Partners）成立三十周年的活動上發表演講，這是一家我共同創立且領導多年的創業投資（venture capital）和私募股權公司。我當時警告說，如果人類不更有效地解決被遺棄者的需求，「烈焰帷幕」（curtain of fire）很快就會將城市、國家和各陸地的富人和窮人分開。我們最近在法國、黎巴嫩和智利等爆發暴力抗議的國家看到了這一幕。而在二〇一六年六月，英國之所以公投決定離開歐盟，原因之一正是貧富不均加劇。

如今，貧富差距急遽擴大。貧富不均導致大量移民從貧窮國家（尤其是非洲）來到歐洲的富裕國家，人們冒著生命危險乘坐脆弱的橡皮艇渡海，尋求更好的生活。然而，吸收這些移民也讓地主國面臨貧富差距惡化的挑戰。

我寫這本書是因為眼前有個觸手可及的解決方案，我稱之為「影響力革命」。在影響力投資的推動之下，我們能夠解決地球上危險的貧富不均和環境惡化等問題，並引領大家走向更美好的新世界。

促使我寫這本書的旅程始於一九九八年，當時我決定七年後、即六十歲時，我會從安佰深集團退休，轉而處理社會問題並嘗試協助解決中東衝突。我不希望我的墓誌銘上寫著：「此君年度投資報酬率三〇％。」我一直都知道生活應該有更大的目標。

在我十一歲那年，舉家被迫離開埃及，卻幸運地被英國接納為難民。我們每個人抵達時僅帶著一只手提箱，我把我收藏的郵票夾在腋下，深怕它會被人拿走。來到新家，我們受到了親切的歡迎，並在倫敦重建一家人的生活。

我人生有幾次突破，包括在牛津接受一流的教育，接著來到哈佛，在此我察覺創業投資的興起。我獲得了亨利獎學金（Henry Fellowship），該獎學金支助了我在哈佛商學院的第一年費用，但也要求我在完成學業後，將一些有價值的東西帶回英國。最終，我帶回了創業投資，並因此在二〇〇一年受封為爵士。

回饋是我人生價值觀的重要一環。正如同我在需要時得到幫忙一樣，我也想幫助別人。我成為創投家的部分原因，是我知道自己能在高失業率時期，協助創造就業機會。儘管看到一九八〇年代和一九九〇年代社會問題猖獗，我仍然滿懷動力地想促成改變。我希望在六十歲離開安佰深集團後，還能投入二十年在這些問題上，並有機會做出真正的改變。

我在二十六歲時共同創立了安佰深集團，並將其打造成全球私募股權公司，在世界各地皆有辦事處，更管理著超過五百億美元的資產。

在我的職業生涯中，我扮演了許多不同的角色，包含：企業家、投資者、慈善家和政府顧問。舉凡任何一個角色，都讓我有機會從不同的角度看待世界。這些經歷讓我明白為什麼資本主義無法回應這顆星球的需求，更讓我了解有一條嶄新的前進之路。在本書中，我提出了新的解決方案，而且每個人都可以付諸實踐。

事情不能像這樣繼續下去。隨著貧富不均在已開發國家和開發中國家雙雙擴大、社會緊張局勢升溫，那些被拋在後頭的人覺得他們將永遠困在那裡。當前的制度對他們來說似乎不公平，所以他們起而反對。

與此同時，環境挑戰威脅著地球的生活品質，甚至可能威脅到它的存在，但當前的經濟體系無法消弭威脅。因為政府無法應對人為的社會和環境問題，也沒有能力開發解決問題的創新方法，畢竟，這個過程一定會涉及風險投資、試驗和不時的失敗。

經濟合作與發展組織（OECD）成員國的政府每年在衛生和教育方面的支出超過十兆美元，這相當於他們GNP的二〇%，是六十年前這方面支出的兩倍。政府受到預算的限制，自覺無法增加支出，但這些仍然不夠。而慈善事業在幫助政府應對這些挑戰上，能做的也有限：每年全球的慈善基金會捐款為一千五百億美元，相較於政府支出而言，是一個很小的數字。[1]

顯然，我們需要新的系統，而許多金融大老和商業領袖也公開承認需求孔亟。然而，到目前為止，我們花了大量時間來診斷系統的問題，卻很少提出真正的替代資本主義方案，最後落得束手無策、無路可走的境地。

人類確實取得長足的進展，我們有能力找到正確的答案，轉向一個更能公平分配機會和結果的新系統，並針對眼前的巨大挑戰提出有效的解決方案。我們需要嶄新的系統，在此系統，人們出於道德和審慎之故，讓使命感凌駕於自身利益；在此系統，貢獻比炫耀性消費更重要；在此系統，對社會誠信且確保環境完整性的公司，會比只顧自身利益的公司更成功。而且，這個系統鼓勵個人和組織在超越自我的事物中找到滿足感，而不是僅求賺錢餬口。

這個嶄新的系統就是影響力資本主義（impact capitalism）。它使私部門與政府站在同一陣線，讓兩者和諧而不是對立，並利用資本和創新來解決社會和環境問題。

它從投資市場吸引資金，這與過去四十年來私人資本金援企業家，進而協助引入技術革命的方式大致相同。

它將社會和環境影響與利潤連結起來，推翻利潤的暴政，讓影響力能與利潤平起平坐，發揮約束功能、不再以利潤至上。我們的偏好改變很明顯，比方說，購買更多價值觀相同公司的產品；投資不汙染環境或不使用童工的公司；有愈來愈多人為具有鼓舞人心的社會或環境目標的公司工作。

資本主義的燃料是資本，所以影響力投資是新制度的化身也就不足為奇了。正如創投是回應科技創業家的投資需求，影響力投資則是呼應了希望改善生活、幫助地球的影響力企業家和公司的需求。

影響力革命扭轉了眾人對社會責任、商業模式和投資的看法。漸漸地，它會改變現有的經濟體，將其變成強大的引擎，驅動資本在實現利潤的同時產生影響。而你我都能見證它標誌著二十一世紀，就像科技革命代表著二十世紀一樣。

影響力投資旨在創造連鎖反應。它為五類利害關係人帶來創新的機會，而我們將在本書各章節中一一檢視。在大手筆處理眾多社會和環境挑戰時，他們的參與至關重要。同時，它也改變了投資者、慈善家、企業家、社會組織、大企業、政府和公眾的思維方式和行為，並將影響力置於決策的中心。

我推動影響力投資的大部分動力，來自社會投資工作小組（SITF）的工作經歷。社會投資工作小組是我應英國財政部的要求，在二〇〇〇年於英國成立。

二〇一三年年末，有鑒於已取得一些進展，英國時任首相卡麥隆邀請我領導G8社會影響力投資工作小組（G8T），以「促進全球社會影響力投資市場」。二〇一四年俄羅斯遭逐出G8時，工作小組成員涵蓋的地域範圍包括美國、英國、日本、法國、義大利、德國和加拿大，並將澳洲和歐盟列為觀察員。我們將分布於這些國家的兩百多人，組織成八個國家諮詢理事會和四個工作小組。

我們的工作得出了一個驚人的結論：大家意識到世界發生了深刻的變化，從基於風險和報酬做出決策的世界，變成影響力是決策的三大關鍵之一。而首先體現此根本性變化的是「社會影響力債券」（Social Impact Bond，SIB），指兼顧行善且獲利的創新投資機制。

我們將研究結果闡述在名為〈影響力投資：市場的無形之心〉的報告

中，並於二〇一四年九月發表。該報告得到了教宗方濟各等人的支持，他敦促各國政府「致力於開發高影響力投資的市場，從而打擊排他和任意棄置資源的經濟體」。而前美國財政部長勞倫斯・薩默斯（Larry Summers）稱SIB為「偉大交易的引爆點」。[2]該報告激發了群眾運動，將影響力投資理念傳播到世界各地。

報告發表後不久，英國政府就請我領導G8T的全球拓展業務。因此，在二〇一五年八月，我與他人共同創立了全球影響力投資工作組（GSG），並接任組織主席以承續G8T已展開的工作。GSG招募了大部分G8T的董事會成員，並且迅速納入了五個新國家，包含：巴西、墨西哥、印度、以色列和葡萄牙。

在首任執行長阿米特・巴蒂亞（Amit Bhatia）的領導下，GSG擴展到三十二個國家，有超過五百名影響力領袖參與母國的國家諮詢理事會。GSG推動「創新、倡導、統籌」[3]同步發展，成為推動全球影響力投資發展的主導力量。

二〇〇七年，我察覺世界在發生根本性的變化。我看得出來，社會投資是大勢所趨，而我也在首本著作《球的第二次反彈》（*The Second Bounce of the Ball*）提及此事。如今，十多年之後，我相信影響力思維會促成與科技革命不相上下的改變。

影響力思維改變了大眾的投資行為，就如同五十年前創新的風險衡量思維一樣。正因具備風險思維，人們能將投資組合的風險分散於許多不同的資產類別，從而在創投和新興市場投資等高風險投資中，賺取高報酬。如今，影響力思維也在改變人類經濟、重塑世界。

對我來說，影響力思維的突破性進展發生在二〇一〇年九月。當時我們第一次將社會影響力的衡量結果與財務收益聯繫在一起。第一個SIB、即「彼得伯勒SIB」（Peterborough SIB），解決了從英國彼得伯勒監獄釋放的年輕男囚的再犯率問題。在SIB出現之前，傳統觀點認為社會的任何事物都無法衡量。比方說，該如何衡量努力不回籠的更生人，其生活改善的情況？時至今日，有一百九十二個ＳＩＢ和發展影響力債券（Development Impact Bond，DIB，指針對開發中國家的困境而設計的社會影響力債券）解決了三十二個國家的眾多社會問題，很明顯，藉由將社會和環境的改善成果與財務收益相連，就能把通往投資市場的鑰匙，交到公益組織的領導人手中。如此一來，社會企業家就能補足資金缺口、不再為錢所苦，找到創新的出路，解決眼前的重大社會挑戰。

ＳＩＢ的發明，是如火如荼的影響力創新的早期跡象。如同一九八〇年代和一九九〇年代的軟體和硬體公司一樣，創新的「影響力」組織，包括非營利的「社會組織」和「目標驅動型企業」，能對現有的創業、投資、大企業、慈善事業甚至政府等模式，帶來創造性破壞。

本書介紹了一個嶄新的理論，講述影響力革命如何使我們達成系統性的社會與環境改善，並展望其進程。同時也檢視了影響社會不同群體的各種趨勢，以及這些群體如何相互影響，進而創造出整個系統的變革動力。

第一章介紹影響力革命和強力推動它的創新思維：風險—報酬—影響力三螺旋模式。這呈現出影響力革命與之前的科技革命的相似之處。

第二章探討影響力創業，並著眼於年輕企業家如何重新定義破壞性商業模式，以改善生活和地球，同時產生經濟收益。

第三章介紹投資者的作用，他們能驅策企業將影響力融入產品和營運之中。

第四章轉向影響力革命對大公司的影響。大公司除了受到消費者、員工和投資者不斷改變的偏好影響，有時還會受到較小競爭對手的商業模式（請見第二章）影響，因此，大公司開始在其活動和產品線當中，融入影響力的觀念。

第五章談到，在影響力思潮和創新影響力工具的帶動下，新慈善模式應運而生。我們會探討，以成果為導向來經營慈善事業及基金會資產，可以最大幅度地改善生活和環境。

第六章探索影響力策略和工具，如何幫助政府更迅速解決較大型的問題。

最後，第七章明示了前進的方向。我們不能留著不積極尋求正面影響的系統，與此同時，此系統會產生負面的後果，而政府必須耗費巨資試圖彌補。我們必須改造這個經濟體，使它產生解決方案、而不是製造問題。而此事攸關重大，畢竟數十億人的生命取決於影響力革命成功與否。要推動變革，眼前有最切實可行的機會，我們每個人都可以在這個過程中，發揮重要作用。

經濟學家亞當・斯密於十八世紀末的《國富論》（*The Wealth of Nations*）中著名地引入了「市場中看不見的手」，描述每人都為自己的利益奮鬥時，最後如何滿足公眾的最佳利益。他的第一本書《道德情操論》（*The Theory of Moral Sentiments*），講述人類出於同理心和利他主義而採取行動的能力。如果他知道我們在二十一世紀衡量影響力，他很可能會將兩本著作合而為一，並把影響力描繪成市場的無形之心，而它將引導著市場中看不見的手。

Chapter

1

改變世界的奇蹟革命

影響力革命將改變人類經濟，
對數十億人的生命、地球產生變革性影響。

我們需要新的概念和方法來改變世界，而不是投入更多資金到行不通的過時觀念。事實上，無論在經濟學界還是科學探索的世界，都會創造新詞來詮釋新想法。

什麼是影響力？二〇〇七年，一場由洛克菲勒基金會（Rockefeller Foundation）在義大利貝拉吉奧中心（Bellagio Center）舉辦的會議上，創造了「影響力投資」一詞來取代「社會投資」。簡而言之，影響力是衡量一項行動對人類和地球益處的指標。具有影響力不只是能減少有害的結果，還可以發揮積極的影響，主動創造良好的成果。而這份影響力也含括社會與環境面向。

首先，「社會影響力」指改善個人和社區福祉，使其更有能力過上富饒的生活。[1]它代表了真正的社會進步，像是：教育青年、餵養飢者、治癒病人、創造工作，並為窮人提供生計。

而所謂的「環境影響力」，顧名思義，就是從事對這顆星球有正面影響的商業活動和投資。簡而言之，我們是否有保護地球，能將地球好好傳承給後代子孫，讓他們可以從中受益並起身效法？

我們得將影響力帶到社會核心，讓它成為經濟體系的中心。當前的制度鼓勵人們做決策時，以「如何用最低風險賺最多錢」為考量。然而，我們必須改採其他制度，這個制度也提倡賺愈多錢愈好，但是在最低風險下獲利，同時能發揮最大的影響力。

影響力必須根深蒂固地嵌入社會的DNA中，它是風險—報酬—影響力三螺旋模式的一環，影響著大眾在消費、就業、商業和投資等方面所做的決定。影響力必須成為人類經濟的驅動力。

一旦遵循這個新模式，我們就能把各項決策帶來的社會和環境利益，納入思想核心，不再後知後覺。然而，要把這種新思維用在改善社會和環境，首先要能公允地衡量影響力。

儘管大家把盛行的風險和報酬模式視為理所當然，但它並非總是占主導地位。一直到二十世紀，企業主和投資者在決定如何分配資本時，只衡量他們能賺多少錢。到了二十世紀下半葉，才正式引入「風險」衡量的觀念。自此，量化風險並觀察其與報酬之間的關係，變成很自然的事。

而風險的定義是，出現不利結果、使投資者損失金錢的可能性。這聽起來像是無法定義的概念，過去大家也認為風險無法衡量，但學術界最終找到了所有投資形式皆適用的風險衡量標準。到了二十世紀末，每個人都在談論風險，並採用統一的衡量方法。

風險衡量對投資界影響深遠。它引入分散投資組合等新理論，從而產生了風險更高的新資產類別，但也大大提高了報酬。這些新的資產類別包括：為科技革命提供資金的創投、私募股權和對沖基金。它還使新的投資主題得以站穩腳跟，例如投資新興市場，這為全球化提供了資金。

如果我們將時間快轉到今日，會看到影響力重演著昔日風險概念所帶來的革命。愈來愈多人會衡量投資的正面和負面影響，而投資者和企業也更有意願將影響力因素納入決策之中。那麼，影響力會比風險更難衡量嗎？完全不會。事實上，人們甚至可以爭辯說衡量影響力更加容易。在世界各地，人們也在研發測量它的方法。

影響力革命有望像工業革命或最近的科技革命一樣改變世界。這是一場由年輕消費者和企業家發起的和平運動，他們再次顛覆了盛行的商業模式，但這一次是為了讓生活好轉、減少不均和改善地球。

改寫未來的新思想革命

說來神奇，我在生命的短短幾十年裡，見證許多新科技公司超越原先長期主宰該領域的巨頭。比方說，亞馬遜、蘋果、Google 和臉書等曾經默默無聞的新創企業，在短短三十年內，就一躍成為全球市值排名最高的前三十家公司。[2]我們都知道創業者的故事，他們憑藉自身的才能和幹勁，用新方法解決舊問題，並開創寶貴的新科技，重塑現代世界。

當然，像這樣的突破並不是憑空發生。事實上，科技革命能形成規模和速度的關鍵之一，是創投資金流的存在，現在這個產業價值一兆美元。如果五十年前你告訴別人你在從事「創投」，對方可能會茫然地望著你，不知道你在說什麼。

創投是二戰後的產物，並於一九七〇年代和一九八〇年代立足矽谷。之後，隨著投資小型、高成長科技公司的想法蔚然成風，創投概念也散播到世界各地。這些早期創業家除了具有科技原創性，他們的本領更是要讓投資者相信，可以靠為其願景注入生命力來賺錢。投資者則衡量風險的威脅和潛在的報酬，根據利潤評估是否看好。當他們決定投資那些處於早期階段的科技公司，他們實際上是憑藉信心，放手一搏。

在一九八〇年代初期，我就是這種投資者之一。我共同創立的公司安佰深集團投資了近五百家富開創性的新創公司，每家公司都想在各自領域留下不可磨滅的印記。而我們的投資包括PPL治療機構（PPL Therapeutics），該公司孕育出世界第一隻複製羊桃莉、蘋果公司和美國線上服務公司（AOL）。

我成為創投家的主要原因之一，是認為這樣不僅能對社會產生正面影響，還能擁有良好的財務狀況。安佰深集團資助了數百名打拼致富的創業家，以及與這些創業家共事的人和他們的社區。他們在各式新領域創造了數千個工作崗位，包含科技、零售、媒體業等。我相信提供新的收入來源和工作機會來改善人們的生活，會讓整個社會變得更好。

然而，隨著歲月流逝，我看到貧富差距愈來愈大。對於許多身處社會金字塔底部的人來說，有些公司的發展最終未見其利，只見其害，使他們的處境變得更糟而不是更好。在英國，即使福利國家的衍生作為提供了安全網，貧困仍然是巨大的挑戰。同時，需要扶助者的經濟機會也未能有意義地增加，而同樣的情況也發生在世界其他地方。儘管美國的新興科技業創造了六千萬個工作，但社會和經濟的不均仍在蔓延。

部分問題是供需關係造成的。由於科技工作者所需的新技能仰賴更高階的教育，因此供不應求。另一方面，各公司競逐人才推高了科技人員的工資，但低成長產業的工資卻在下降。儘管在全球化、取代勞工的新科技、股權資本的流動和廉價債務的共同作用下，提升了超級巨富的財務報酬。然而，對合格人才的競相爭取，卻孕育了一場讓富人更富、窮人更窮的完美風暴。

到了二〇〇〇年，很明顯地，社會對這種模式很失望。儘管科技革命創造了驚人的財富和許多社會利益，但巨大的社會和環境問題持續在全球肆虐，其中一些問題甚至惡化。人類無情地消耗自然資源使全球氣溫升高，導致野生動物滅絕、致命野火侵襲、洪水爆發，破壞了我們賴以生存的生物多樣性。

如果不解決這些問題，可能會釀成巨大災難，因此我們需要進行新思想革命。人類急需新的解決方案來應對社會和環境挑戰，而隨著氣候變遷導致物種被迫遷徙，這兩大問題會合成一類。但是，從哪裡可以找到大刀闊斧的解決方案？如果政府和私部門都無法帶來急需的大規模改革，那麼答案或許在於改變我們的經濟體系。

脫胎換骨的改造

我開始意識到，我們需要一個制度，將企業界、投資者和經營者的利益，與政府、非營利組織、慈善家和影響力企業的利益結合起來，並促使眾人共同努力改善生活和環境。但這會是什麼樣的制度？答案非常簡單：結合投資的社會改造計畫，這使得企業家能資助目標驅動型公司和公益組織。同時，也使我們能夠善用創業人才和創新手段，以嶄新的方式解決舊問題。

正如同科技創業家能夠在得到金援下帶來變革，影響力企業家也可以在克服這個時代最緊迫的問題上取得進展。在面臨巨大的社會或環境挑戰時，必須調整投資方式以解決問題。投資是經濟體系的燃料，而為了吸引投資者，開始從他們的視角看世界會很有幫助。這意味著關注利潤和影響力，並根據可衡量的結果評估成效。

然而，將世間挑戰重新定義為投資社會的機會，不只是個好用的比喻而已。它也能提供具有吸引力的財務報酬，吸引那些原本把才華跟資金都投注在賺錢獲利者的興趣。

二〇〇二年，我與安佰深集團的前同事菲力普．紐伯勒（Philip Newborough）和我在社會投資工作小組的得力助手麥可．紀登斯（Michele Giddens）共同創立了橋基金管理公司，將創業資本引入英國最貧困的地區。這個想法很簡單：橋基金管理公司會支持位於英國最貧困的四分之一地區的企業，以改善英國弱勢群體的生活。我們希望透過投資產生影響，所以我們像投資者一樣思考，並著手尋找方法來產生可衡量的影響，同時實現一〇%至一二%的年度財務報酬。

這十八年來，橋基金管理公司募集了超過十億英鎊，擁有一七%的平均年淨報酬率。同樣重要的是，在取得如此卓越的財務成果之餘，它也帶來重大的影響。舉例來說，僅在二〇一七年，它就提供了一百三十萬小時的優質看護、為四萬人提供醫療保健服務、避免三萬多噸的碳排放、直接扶植了兩千六百多個工作，並幫助兩千六百多名兒童享受更好的教育成果。[3]藉由投資，我們幫助國內一些最具影響力的企業成長茁壯。

而英國政府投資兩千萬英鎊到橋基金管理公司的第一支基金上，也使之更容易吸引私部門的投資。此外，根據我三年前成立的「無人認領資產委員會」的建言，該基金也在二〇〇八年協助推動另一項重要的社會改革方案。當時，工黨政府提出立法，將無人認領銀行帳戶[4]中的資金，用於三個社會目的，分別是：建立社會投資銀行（社會投資工作小組在二〇〇〇年提的主張）、幫助青年和推廣普惠金融（financial inclusion）。

四年之後，這筆資金中的四億英鎊，再加上英國四大銀行出資的兩億英鎊，用來成立世界上第一個「社會投資銀行」：大社會資本。該機構由卡麥隆於二〇一二年四月在倫敦證券交易所推出。從那時起，大社會資本大幅提升了世人對公益組織的投資，也讓這些組織脫胎換骨，有能力擴大規模和創新。

創造三贏的影響力救世主

受到早期成功的鼓舞，二〇〇七年，我在慈善家大衛・布拉德（David Blood）、史丹利・芬克勳爵（Lord Stanley Fink）、西格麗德・羅興（Sigrid Rausing）和菲力普・霍米（Philip Hulme）的幫助下，創建了英國第一家社會投資諮詢公司：社會金融。該公司的核心使命，是找出串聯起社會企業家與投資資本的方法。

我們從金融和社會領域招募有才華的年輕人，到了第三年年底，公司團隊已擴展到十八人。團隊由前國民西敏寺銀行（NatWest Bank）董事伯納·霍恩（Bernard Horn）領軍，而德勒斯登－克萊沃特（Dresdner Kleinwort）的前英國投資銀行業務主管大衛·哈奇森（David Hutchison）擔任執行長。

二〇〇九年年底，團隊中的兩名成員托比·黑克斯（Toby Eccles）和艾蜜莉·波頓（Emily Bolton）來到我的辦公室，討論降低囚犯再犯率的方法。事實上，全世界的統計數字令人瞠目結舌：多達六〇%的年輕囚犯，在獲釋後的十八個月內重返監獄。[5]此統計數字產生了一連串的負面連鎖反應。請想像一下，如果有辦法降低這個數字，能避免多少人禍，而且無數家庭得以團聚、犯罪率能夠降低，更別提政府能省下的資金。

托比和艾蜜莉建議我們將降低再犯率，與投資者的財務報酬結合在一起，並根據所取得的社會成效支付報酬。簡單來說，投資者將因未再犯的更生人增加而獲取報酬。這是極具開創性的新想法。

受到創投界由投資者資助新創企業成長這個方式的啟發，我與托比、艾蜜莉和大衛．哈奇森合作，將SIB設計成能為眾多社會公益組織帶來資金的投資工具。

我們帶著闡述SIB運作方式的提案，會見司法大臣（Secretary of State for Justice）傑克．斯特勞（Jack Straw）。我們提議，如果司法部同意因未再次入獄的更生人增加，向投資者支付報酬，便可從投資者那裡籌集數百萬英鎊，來資助有在協助受刑人的公益組織。而目標是希望善用社會企業家的賺錢巧思和投資者的資本，來解決無情的社會問題。

當斯特勞聽到這個想法，他敲了敲桌子，微笑著對他的官員說：「我知道我們不該貿然開任何先例，但這次我們要這樣做！」然而，預防犯罪如何成為一筆好投資？沒錯，犯罪確實成本高昂。政府每年花費數百萬英鎊打擊犯罪並將人們送入監獄，更別提在囚犯入獄後為他們提供住房和食物了。如果我們的努力能幫助政府撙節資金，投資者和其資助的組織也能賺得一小部分節省下的資金。如此一來，生活得以改善，政府能夠省錢，投資者會獲得合理的利潤。這是三贏的局面。

正因為站在社福組織和投資者的角度來看待社會挑戰，我們才得以設計出ＳＩＢ。此工具借私人投資之力，幫助社會企業家加速社會進步。

最早意識到ＳＩＢ重要性的人之一，是查爾斯王子（Prince Charles）。就在宣布推出彼得伯勒ＳＩＢ後不久，我收到了他的一封親筆信，內容寫道，他很歡迎ＳＩＢ的問世，並讚揚該工具在資助公益組織上大有可為，得以解決他關心的社會問題。能夠收到這樣一位熱心慈善家的話，給了勞心戮力的我們極大的鼓勵。

社會進步的創新推手

ＳＩＢ涉及三個主要參與者，分別是：成果付款者、社會服務提供者（通常是非營利組織，但也可以是目標驅動型企業）和投資者。像社會金融這樣的財務顧問，可能會幫助設計和執行ＳＩＢ的交易，而獨立的評估員會驗證計畫成果，而不是審計人員。

美國稱ＳＩＢ為按績效給付債券（Pay for Success，PFS），澳洲稱為社會福利債券（Social Benefit Bond，SBB），法國則稱為社會影響力合約（Social Impact Contract），而非傳統意義上的「債券」。基本上，它是成果付款者與社福團體間的成果導向服務合約，由成果付款者委託目標導向的社福團體，來實現特定的社會結果。然後，具社會願景的投資者提供資金以實現服務，從而消除委託人的財務風險。

如果最後沒有達到合約設定的目標，投資者就會虧錢，但其實是進行慈善捐贈。另一方面，如果實現了目標，投資者就能收回資金，並獲得與實現程度相應的報酬。

成果付款者在計畫取得期望的社會成效後，會向投資者付費。前者通常是政府，但有時是官方援助組織或慈善基金會，他們會直接與金融中介機構或社福團體合作，設定目標、時間表和付款水準，並且只有在實現預定的正面成果時，才會付款予投資者。

對於提供社會服務或介入工作的非營利組織或目標導向型企業來說，該制度具有多項優勢。比方說，透過此制度，相關組織可以先取得大筆資金、強化體質，並能以取得最佳成果為依據，更靈活地運用介入方式，從而使他們能夠進行實驗和創新。

傳統上，要評估獲得慈善界金援的服務提供者的成效，都會把重點放在他們的活動成果。為了衡量成效，慈善家可能會檢視組織辦的活動，如：在康復計畫中招募的囚犯人數，或者他們投入的資源，像是：教育受刑人所花費的時間等。

但說到底，相較於關注有多少囚犯參加計畫，把重點放在降低再犯率更為重要。而這種評估方式的轉變，促使許多服務提供者專注於核心目標，並以嶄新有效的方式進行合作，以實現這些目標。

在社會金融著手處理降低英國的再犯率時，我們創建了上述的ＳＩＢ。而投資者是十七個慈善基金會，包括英國的艾斯米費爾貝恩基金會（Esmée Fairbairn Foundation）和美國的洛克菲勒基金會。

我們會見了英國政府官員並達成協議：我方將籌集五百萬英鎊來資助致力於彼得伯勒監獄囚犯議題的公益組織。如果五到七年後，相對於釋放的囚犯對照組，我們未能將再犯率降低七．五%，那麼投資者就不會獲得任何報酬。但是，如果再犯率下降七．五%以上，政府就會償還初始資金，此外，利率將根據再犯率的下降程度而上升。這一舉措的關鍵是，政府只需支付三〇%至五〇%的經費，節省法院和監獄的開支。而在付款給投資者後，政府的花費仍低於預算。同時，身為投資方的基金會，可以將資金再投資於其他具有影響力的計畫，而公益組織則能持續獲得贊助資金。

彼得伯勒ＳＩＢ使定罪的數量減少了九．七%，並每年向投資者支付其投資資本的三．一%作為報酬。關於金融在社會進步中所扮演的角色，ＳＩＢ體現了全新的思維方式。在這個制度中，人民生活有所改善，政府減輕了法院和監獄的負擔，投資者則看到報酬。

有些人可能會認為慈善家已經在資助此類工作，但這只有部分屬實。我們合作的一些慈善基金會的確有在資助更生人計畫，但我們將他們整合在一起，把資金集中到一項計畫中。該計畫聚焦在實現具體且可衡量的目標，使更多資金流向與獄囚一起從事有價值工作、但卻缺乏擴大規模資金的服務提供者。

此外，我們也將那些服務提供者置於統一的領導架構之下，協調各單位間的工作。最後，我們成功幫助慈善基金會及投資者賺回本金，外加利息，這樣他們就可以再投資了。無論是非營利部門、企業還是政府部門，對於任何尋求解決社會問題的人來說，假如這套模式受到廣泛採用，它必大有可為。

這對社會部門影響深遠。僅在英國，就有八十萬人到一百萬人在非營利單位工作，而英國慈善基金會擁有約一千億英鎊的資產。[6] 在歐洲，有一千一百萬人在非營利組織工作。在美國，有九百萬人到一千萬人投身於超過一百七十萬個社福組織，而美國基金會擁有八千五百億美元的資產。[7] 儘管有這些重要的資源，但令人驚訝的是，社福組織總是缺錢，而且很少機構規模夠大。

SIB走向全球

第一個SIB的成功表明，即使是持續最久的社會問題，也可以動員私人投資來解決。正如英國前首相戈登・布朗（Gordon Brown）所言，彼得伯勒SIB成為「社會改革上，數億美元投資的指路明燈」。[8]而它確實引領了全世界SIB的發展。

在美國，我的好同事崔西・帕蘭德吉安（Tracy Palandjian）帶頭發起SIB運動。我是在哈佛商學院成立百年的活動上遇到了她，當時社會金融才在英國創建不久。在該活動上，我與美國前財政部長勞倫斯・薩默斯和麥可・波特教授（Michael Porter）同台，共同討論了私人投資在解決社會問題所扮演的角色。

崔西是哈佛商學院的畢業生，她也在現場，我們針對座談會發表見解。三年之後、即彼得伯勒ＳＩＢ推出後，我熱切地想將社會金融推廣到美國，那裡的金融創新比世界其他地方都還快紮根。我打電話給崔西，邀請她加入大衛·布拉德的行列，與我共同創立美國社會金融（Social Finance US），這件事便在二〇一一年初拍板定案。在她的領導下，美國已成為ＳＩＢ規模最大的市場，吸引的投資金額超過世界其他地方。

由於對ＳＩＢ的信心持續增長，二〇一六年，英國政府推出首個由公共基金來為成果付款的ＳＩＢ計畫，以彰顯其決心。這項集資八千萬英鎊的計畫名為生活機會基金（Life Chances Fund，LCF），又稱為成果基金，旨在幫助社會最弱勢的群體。[9]生活機會基金為到期成果支付約二〇%的款項，而委託任務的地方政府支付其餘八〇%。

不過，所謂的成果基金究竟是什麼?且讓我們再回頭看看彼得伯勒ＳＩＢ的例子，一旦組織介入有成效，將從成果基金撥款給投資者，而不是司法部。另一方面，慈善家可以自行創建、或參與由他人設立的獨立成果基金，以提高他們支持的組織實現特定使命的能力。例如，GSG便動用兩個教育成果基金、各十億美元，以提高教育程度水準。其中一個基金在非洲和中東，與戈登．布朗擔任主席的教育委員會合作；另一個則在印度，與英國亞洲信託（British Asian Trust）最近發起、規模較小的成果基金一起合作。

如今，市面上有超過一百九十個SIB和DIB，範圍橫跨三十二國，並試圖解決十幾種不同的社會問題。專注於新興國家的DIB具有與SIB相同的結構，但其成果付款者通常由政府、援助組織和慈善家所組成。

SIB和DIB之所以強大，是因為它們將社會和環境挑戰重新定義為投資機會。對於投資者來說，這是引人注目的新資產類別，因為其報酬不會隨著股市或利率波動。對於成果付款者而言，這是成果導向合約，與支付活動費用的傳統合約相比，前者成效更好，而且能更清楚知道哪些作為有效、哪些無效。SIB和DIB充分體現了風險—報酬—影響力模式。它們是朝向新體系轉變的大勢一環，該體系的決策模型引入了嶄新的風險—報酬—影響力思維，而不是僅考量風險和報酬。它們也讓我們意識到，社會介入的影響實際上是能夠衡量的。

如今，這種認知廣為流傳。人們理解到影響力可以跨公司衡量和比較，因而改變了所有相關的決策。這種比較會潛移默化我們在消費、就業和投資方面做出的每一個決定，並引導企業產生積極的影響，這正是影響力革命的意義所在。

衡量影響力的關鍵工具

衡量影響力具有激發行動的力量。以二〇〇八年的事件為例，當時美國駐北京大使館決定在屋頂安裝感測器，以便在空汙水準高到他們應該待在室內時，能向大使館的員工提出建議。感測器每小時自動推文發布數據，這給中國政府帶來了壓力，因為中國政府自己公布的數據往往低估實際空汙水準。二〇一三年，中國政府承認該市空氣汙染的嚴重性，並承諾投入數千億美元來減少空氣汙染。[10]

為了改變投資者和公司的行為，關鍵在於我們必須以每個人都容易理解的方式，來衡量公司對社會和環境的正面和負面影響。幾十年來，美國前副總統艾爾．高爾（Al Gore）等人一直主張衡量各公司創造的「外部性」，作為應對氣候變遷的一環。但迄今為止，還沒有出現可靠的衡量和整合公司影響力的方法。

如果影響力投資是通往社會改革的火箭飛船，那麼影響力評估就是導航系統，引領著變革和新規範的建立。然而，要將影響力評估普及化，需要重新思考長期看待影響力的方式。畢竟，我們總以不精確和不一致的方式來評估影響力。

目前全世界有超過一百五十種不同的影響力評估方式，[11]各從不一樣的角度來衡量影響力。甚至傳統的會計師事務所也開始更關注永續議題，以及該議題對企業的意義。我們確實需要一套標準化的做法來定義、衡量和評估影響力，就如同我們評估利潤一樣。

其中，影響力加權會計帳目計畫（IWAI）是最被看好能衡量影響力的做法。這是一項聯合倡議，由全球影響力運動的推動者GSG、克拉拉・巴比（Clara Barby）領軍的「影響力管理項目」（IMP，由兩千名從業人員組成，旨在建立一套衡量影響力的共識標準。由橋基金管理公司於二〇一六年成立），以及哈佛商學院共同提出。

IWAI的執行長是哈佛商學院會計學教授喬治・塞拉芬（George Serafeim），他善於啟迪人心。我則擔任領導委員會主席，克拉拉・巴比擔任副主席。IWAI匯集了來自商業、投資和會計領域的學者和要員。此計畫的創新途徑包含，將公司產生的影響力整合到常規的財務帳目中。

計畫的目標是要創建一個架構，藉由此架構，公司產生的影響力會直接影響其價值，就如同公司的利潤一樣。我們將在第四章探討此架構如何運作。

評估影響力的主要好處是可以防止「掛羊頭，賣狗肉」（impact washing）的道德風險，即企業昧著良心說有從事公益事業。對於現下的一些企業來說，這種說法只不過是一種行銷策略。為了將影響力真正融入業務和投資決策，我們必須可靠地衡量影響力。

政府的前瞻性角色

只有政府有權要求企業和投資者根據統一的指標，來衡量和報告其活動的影響力。在本章前述的囚犯再犯罪議題中，英國政府便依據其財政收支盈餘，來衡量該計畫成功與否。

為了讓這種思維成為常態，英國政府在二〇一四年發布了單位成本數據庫，其中列出了英國六百多個問題的估計成本，包含犯罪、失業到無家可歸等。有了這些估計值後，至少能用可信的方式來量化影響力投資的部分收益。同時，當地官員、公益組織和社會企業也能把數據用在成果導向合約和SIB提出的條件上。[12]

有些政府，如葡萄牙當局，已跟隨英國的腳步，同時也自行投注心力在量化全球社會問題的成本。其中一項是全球價值交易所（Global Value Exchange，GVE），這是一個包含三萬多個影響力衡量指標的群眾外包資料庫，以類似於單位成本數據庫的方式提供估值。[13]舉例來說，要找出英國無家可歸失業者造成的年度成本，你可以依據他們收到的福利金、少繳的所得稅和國民保險金，以及損失的經濟產出，來進行衡量。[14]

目前，首要任務應是為每個社福領域制定標準化的指標。如此一來，才能比較不同介入措施的影響力。目的是希望除了衡量單一影響力外，也能衡量各組織和計畫所產生的重大影響。

無論公部門還是私部門，所有組織都會產生影響力。該是可靠衡量、明確評估影響力，並要求全球的決策者做得更好的時候了。一旦我們適切地衡量和評估影響力，投資者和企業就會養成習慣將影響力納入他們的決策之中。最終，所有投資都能成為影響力投資。

拯救數十億人的唯一解方

這個由創業家和投資者領軍、轉向更好的風險─報酬─影響力模式的途中，將對經濟的資本流動，產生迫切而變革性的影響。而且，除了從金融體系的兩百兆美元可投資資產中吸引投資資本，沒有其他方法可以因應社會和環境問題的規模和嚴重性。

影響力革命的跡象顯而易見。比方說，消費者、員工和投資者愈來愈意識到，企業不僅有義務為股東服務，也有責任為客戶、員工、社區和環境服務。如今，影響力必須成為每個人使命的重要一環。我們正處在有如風險概念引發創投和投資科技公司風潮的時刻，但這一次是影響力概念催生影響力投資，改變了投資界。

首先，此變化反映在來自七十多國的兩千六百多名投資者[15]簽署責任投資原則（Principles of Responsible Investment），將約九十兆美元資產納入管理。該原則由聯合國於二〇〇六年設立，鼓勵簽署方負責任地投資，並創建永續的全球金融體系。而責任投資原則的簽署方，同意在做出投資決策的同時，考慮社會和環境因素。其次，三十一兆美元已投資於改善環境、社會和企業治理（ESG）目標這一點，也反映了前述的變化。

全球最大的資產管理公司貝萊德（Blackrock）的執行長拉里・芬克（Larry Fink）在二〇一八年發布的公開信寫道：「無論是否為上市公司，社會要求公司以服務社會為目的。」並且「隨著時間的推移發展茁壯，而每家公司不僅必須交出財務成果，還必須展示如何為社會做出積極貢獻。」16

這種變革會對我們的投資方法、經營方式和消費模式，產生巨大的正面影響。它將改變人類經濟，對數十億人的生命、地球產生變革性影響。影響力革命引領消費者、企業家、投資者、企業、慈善家和政府，去創造切實且可衡量的影響力。它將風險—報酬—影響力模式帶到決策的中心，並改變整個經濟體系。

相反地，目前的經濟體系則會產生負面影響，並仰賴政府和慈善事業去解決它留下的爛攤子。然而，這個體系已存在兩百多年，人類面臨的問題會隨著時移境遷而有所不同，因此處理方式也必須跟著調整。

人類的思維演進，催生出風險—報酬—影響力三螺旋模式，從而創造出革新的途徑，即透過影響力投資來應對眼前的挑戰。接下來的章節則會檢視，創業家、投資者、企業、慈善家和政府做了什麼，以及他們下一步需要做什麼，來加速推進影響力革命。

影響力思維

- 我們得將影響力帶到社會核心，讓它成為經濟體系的中心。
- 在面臨巨大的社會或環境挑戰時，必須調整投資方式以解決問題。這意味著關注利潤和影響力，並根據可衡量的結果評估成效。
- SIB和DIB之所以強大，是因為它們將社會和環境挑戰重新定義為投資機會。
- 如果影響力投資是通往社會改革的火箭飛船，那麼影響力評估就是導航系統，引領著變革和新規範的建立。
- 影響力革命引領消費者、企業家、投資者、企業、慈善家和政府，去創造切實且可衡量的影響力。

Chapter

2

影響力創業時代

不只行善，還能獲利。

影響力創業家會翻轉人類改善世界的方式。

你可能聽別人說過，最好的辦法就是，盡可能地多賺錢，不用管做善事，等到成為慷慨的慈善家再捐贈大量善款。這一直是傳統模式，但情況正在改變。影響力創業證明了有更好的生活方式，而且企業可以行善與賺錢兼得。那麼，對於夢想創辦讓世界變得更美好的企業、但不知道從哪著手的創業者來說，這意味著什麼？

許多最振奮人心的社會創新來自問題，而非答案。這些問題像是：「如何善用自身技能？」「如何才能同時產生利潤和影響力？」以及「我準備好開創自己的事業了嗎？」

我在二十六歲那年，開創了後來成為安佰深集團的事業。那時朋友建議我，或許先吸收更多經驗會更明智，我回答：「你無法透過在海灘上運動，來學習游泳。」在創投這個新領域，當時最好的選擇就是直接進入，快速學習，搶先他人獲得經驗。今日的影響力企業也是如此。

為了更好地服務客戶、改善生活，並為保護地球貢獻一份心力，年輕的企業家發明了以影響力為導向的企業。與科技革命一樣，引領潮流的是雄心勃勃的年輕公司。如今的年輕人受到風險－報酬－影響力理念的啟發，並得到新資金來源的贊助，無論他們在就業、取得ＭＢＡ學位，還是在矽谷的研究實驗室工作，都拒絕前輩的有害做法，並承諾發揮影響力。同時，大家也重新思考了創立獨角獸（指價值超過十億美元的新創公司）的夢想。年輕的創業家何不將目光投向打造一個價值十億美元、同時改善十億人生活的「影響力獨角獸」？

除了令人信服的道德因素之外，影響力企業的盈利與目標並存模式之所以成為愈來愈合理的商業決策，原因有很多。一方面，透過向資源不足的民眾提供產品和服務，企業可以挖掘到龐大的需求。而這意味著，相較於那些向主流市場提供更高價服務的公司，影響力創業是較好的引領生活模式，且能創造出更快的成長機會。

具有社會意識的公司也能避免冒上被政府課徵懲罰性稅收（例如碳

稅）的風險。此外，愈來愈多消費者、員工和投資者會避開有害公司，轉而擁抱那些產生積極影響的公司。我聽過商界的知名人士說，你不能同時騎「賺錢」和「行善」這兩匹馬。本章的例子將說明，其實我們可以駕馭這兩匹馬，既做好事同時獲利。而著手創建影響力企業，便是讓你更成功的可靠方法。

我們許多人都熟悉那些開創新局的影響力先驅，像是：戶外運動品牌巴塔哥尼亞（Patagonia）、TOMS鞋業和眼鏡商瓦爾比派克（Warby Parker）等公司。本章將揭示一些近來以不同方式帶來影響力創新的公司，涉及的領域從科技、醫療保健到農業和消費品不等。許多人得到了新的法律結構、認證和指導組織的幫助，支持他們在世界各地以影響力為導向來創業。

總而言之，下述企業展示了影響力如何改變經濟體的不同產業部門。他們證明了沒有必要在「財務報酬」和「社會回饋」間拉鋸。事實上，「影響力」往往是這些公司獲利的助力、而非阻力。如果你問該如何賺錢又行善，這些故事可能會激勵你即刻開始行動。其中，許多企業就是從創業家發現最新科技的新用途、再加以調整以滿足所需者的要求來切入，這正是新創公司 Zipline 的營運方式。

從天而降的保命救援

二〇一六年十二月二十一日，一份訂單抵達盧安達吉佳利（Kigali）附近的無人機基地。收到訂單消息後，一名技術人員將貨物綑綁妥當，準備發射無人機。在幾分鐘之內，它就朝著目標前進，也就是六分鐘航程外的一家地區醫院。

醫院裡躺著一名一動也不動的兩歲女孩吉斯蘭，她患了急性瘧疾。無人機在被召集後的幾分鐘內，即在醫院入口附近盤旋，隨後拋落一個紅色盒子，裡面裝有兩個單位的冷凍血液，隨著紙降落傘緩緩降落到地面。一年前，這家醫院還得派車去來回三小時車程外的銀行取血，這種延誤可能會導致這名年輕女孩死亡。[1]

這件事可以溯源至凱勒．里諾多（Keller Rinaudo）的故事，他是專職的機器人創業家。他在二十三歲創辦了玩具機器人公司後，為了挑戰自己，他將自己的事業聚焦於「對人們生活產生深遠影響的事情」。[2]然而，困難在於，他不知道該怎麼做，也不知道應該發揮什麼影響。里諾多說：「當時有人質疑我的理智是否清楚，情況很糟糕。」[3]

里諾多和他的共同創辦人，在全世界尋找他們認為可用自身技能解決的問題。里諾多說，在機器人技術中，「你想要單調……你希望重複。我們尋找物流中斷的地方，因為那是很好的起點。」[4]他決定解決運送基本醫療產品的物流問題，例如用於輸血的救生血液。然而，由於管理貯藏和庫存很棘手，導致某些地區供過於求，某些地區供不應求，以及產品變質浪費。但一旦需要輸血，病人沒有時間等待。他和他的團隊知道，他們可以透過機器人技術提高配送效率並減少浪費。他們會創建一個配送中心來儲存血液，並用無人機將產品準確運送到需要的地方。為了維持公司的發展，他們會收取每次運送的費用。

里諾多將公司命名為 Zipline，並選擇先在盧安達試行技術和物流系統。儘管該國多山、有時道路泥濘難行，且缺乏基礎設施，但政府裡「充滿決策快速，並願意承擔風險的年輕人」。[5]

根據里諾多的說法，盧安達政府因為使用 Zipline 的服務，不僅撙節了資金，也節省下寶貴的時間，拯救許多生命。只需要兩個配送中心，該公司的無人機便可為盧旺達八〇%的人口提供服務。[6] 到了二〇一八年年底，該公司已配送一萬五千個血液單位，而且打算擴展到坦尚尼亞和美國，並預計提供其他醫療用品，例如嬰兒疫苗和急救藥品。

Zipline 的未來展望是致力於改進技術，以提高無人機的運載量。二〇一八年四月，Zipline 推出了新型號的無人機，號稱「即使在高海拔地區、颳大風或下雨天，該機種都比以往飛得更遠、更快且裝載更多貨物。」[7]該公司的長期使命是「為地球建立即時配送模式，允許以低成本按需求運送藥品和其他產品，且無須使用一滴汽油。」[8]

二〇一九年五月，Zipline 從美國創投家那獲得一・九億美元資金，並達到十二億美元的估值。[9]它宣布將擴展到非洲、美洲、南亞和東南亞，目標在未來五年為七億人提供服務。[10]「Zipline 希望在矽谷建立新的成功模式。」里諾多說，「我們向世界展示了一家具有合適技術、正確使命和最佳團隊的公司，能幫助改善地球上每個人的生活。」[11]

在里諾多和他的團隊重新思考如何運用無人機技術時，以色列的另一家科技向善（tech-for-good）新創企業 OrCam，重新利用了原本為引導無人駕駛車而開發的先進 AI 技術，來幫助三千九百萬名盲人和全世界二・五億的視障人士。

幫助盲人「看見」世界的影響力企業

二〇一六年，二十七歲的路克・海因斯（Luke Hines）第一次能夠想像自己上大學。[12]二〇一八年，退伍軍人史考堤・史邁利（Scotty Smiley）終於能與三個兒子一起閱讀。[13]二〇一九年，納伊姆・巴薩（Naim Bassa）總算可以投下自己神聖的一票，這是他第一次在沒有人陪伴的情況下投票。[14]這三個人都有視力障礙，但接觸到 OrCam 的輔助科技。此技術結合攝影鏡頭、運算、機器學習和深度網路來處理視覺資訊，再將聲音傳遞給用戶。

這項可穿戴科技的故事始於一九九九年，當時聯合創始人阿默農・夏舒雅教授（Amnon Shashua）和茲維・艾維瑞姆（Ziv Aviram）創辦了無比視（Mobileye），這是一家用攝影鏡頭和ＡＩ取代人眼、應用在無人車的科技公司。[15]十八年後，他們將這家公司以一百五十億美元賣給英特爾，而這樁交易也成為以色列歷史上最大的收購案。[16]此時，夏舒雅開始考慮用他發明的技術來幫助視力惡化的阿姨。[17]他和艾維瑞姆於二〇一〇年共同創立了 OrCam，以幫助視障人士應對周遭的環境。

二〇一七年，OrCam 發布了第二代的 MyEye。此裝置無線，約手指大小，它可以讀取印刷文本、識別人臉、產品、條碼和鈔票。當佩戴者指向其中任何一項物品，此設備便將所看到的內容傳到他們的耳中。

一位用戶說，視覺輔具 MyEye 讓他「不必依賴其他人，就能拿起任何東西，像是報紙、書籍、菜單等。若家中送來新信件，自己可以直接閱讀，無須打擾其他人。」[18]

二〇一八年，OrCam 已經籌資超過一．三億美元，估值達十億美元。[19]「我認為 OrCam 的潛力甚至比無比視還要大。」艾維瑞姆說。[20]對於像澳洲的麗莎．海斯（Lisa Hayes）這樣自出生就失明的人來說，Orcam 的產

品有如奇蹟。她談到該裝置時說道：「就我而言，它無疑是二十一世紀的大突破。」──[21]

影響力企業家會自問，有什麼不二法門能發揮自身技術，以幫助最多人？當我們對OrCam的科技問同樣的問題，釐出了一個有趣的方向：為什麼不將相同的產品用來幫助全球七．八一億文盲成年人？這樣一來，OrCam的潛在市場可能會擴展到全球七十七億人口的近一五％。想像一下這項科技如何牽動超過十億人的生活，以及他們可能為母國做出的經濟貢獻和對世界經濟的影響。影響力思維揭示了我們或許會錯過的機會。

許多新創企業也在發展希望改善全球殘疾人士生活的事業。領導這些企業的創業家往往像夏舒雅一樣，渴望幫助他們深愛的人。

一份父愛改變殘疾人士的未來

巴西企業家卡洛斯．佩雷拉（Carlos Edmar Pereira）的女兒於二〇〇八年出生時罹患腦性麻痺，無法走路或說話。佩雷拉渴望提高她的生活品質，於是自學寫程式並開發軟體，幫助殘疾人士進行交流。他說，「我隨時都在想這件事，盯著電腦，為我的女兒寫電腦程式直到深夜。」[22]

他的動態軟體依據每個人的身體條件和認知能力，協助他們與周圍的人（例如家人和老師）即時互動。佩雷拉說，「舉例來說，假設他們不能使用四肢，他們可以轉動眼睛。」[23]他利用平板電腦上的前置鏡頭，開發了一種功能，允許用戶轉動眼珠來與平板電腦互動。此外，佩雷拉創辦的Livox 的產品定價只占當前成本的一小部分。比方說，Livox 授權的裝置費用為兩百五十美元，相較於其他由眼睛控制的典型裝置，費用約為一萬七千美元。[24]對於那些可以動手、甚至動腳趾的人，Livox 的軟體使用智能演算法以因應和配合用戶的獨特動作，無論他們是用整隻手還是多個手指觸摸屏幕，甚至是不自覺地輕微敲打。[25]一位自閉症兒童的母親說，她的女兒「從一個字開始，如今能用這個裝置與我對話。」[26]

佩雷拉成立 Livox 的初衷是為了改善女兒的生活，但他也希望接觸到十億名殘疾人士，幫助他們過上更好的生活。他說道，「他們是最容易遭社會遺棄的群體。」[27] Livox 的許多使用許可都賣給了巴西政府。佩雷拉以折扣價出售使用許可，這樣低收入家庭才有機會接觸此產品。他渴望擴大業務，尤其是擴展到學校、醫院和開發中國家。[28]

顛覆「信用」的智慧借貸

在領導 OrCam、Livox 和 Zipline 的企業家，打造運用資訊科技、發揮社會影響的事業版圖時，Tala 公司的肯亞籍創始人希瓦尼・西羅亞（Shivani Siroya）則使用金融科技和數據，為無法從傳統銀行獲得信貸的創業家提供貸款。

Tala 是一個在印度、肯亞、墨西哥、菲律賓和坦尚尼亞營運的行動借貸平台。該公司主張，沒有信用紀錄並不代表一個人沒有信用。Tala 不依賴銀行對帳單等一般的正式紀錄，而是利用手機的現成資料。智慧型手機用戶可以下載 Tala 行動應用程式，該應用程式從用戶設備上抓取超過一萬筆資料，包括應用程式的使用情況、通話、短訊和交易。[29]然後，Tala 會預測一個人償還貸款的可能性。例如，該公司發現，如果一個人的電話聯絡人中標示了名字和姓氏，他們有更高的還款機率。

「我們可以根據客戶裝置上的現有資料，在大約二十秒內預測其信用能力。」Tala 創始人西羅亞說。[30]她在印度長大，並於二〇一二年、近三十歲時創立了這家公司。而貸款客戶獲得核準後，他們將在個人的行動錢包中收到款項。她說，「我們審視的角度是人們的日常生活行為，而不是他們三年前可能忘記繳付的款項。」[31]

貸款通常為十美元至五百美元，利息一一%至一五%，在三十天內到期。[32]截至二〇一九年，該公司已向超過四百萬人貸款十億美元以上，還款率為九〇%。[33]這樣的情況與該企業起步時大相逕庭，當時西羅亞將自己的錢借給大約五十個來自印度、迦納、馬利和墨西哥的人。[34]早期，她的借款人的違約率為三〇%，但隨著她收集到更多資料並且建立起穩健的信用模型，違約率降至一〇%以下，甚至比傳統信貸中心所預測的數字還好。[35]

客戶傾向於使用小額貸款，就像用信用卡一樣。三分之二的人為他們的事業貸款，而其他人則將貸款用於教育、緊急旅遊、醫療費用或其他個人需求。在肯亞銷售服裝的葛瑞絲說：「我的顧客通常不會立即為衣服付款，所以我多半會借貸，以確保我可以在等待付款的同時，去市場購買商品以供銷售。」[36]

西羅亞在推出 Tala 前曾在瑞銀、瑞士信貸和花旗磨練過，在談到對小額信貸部門的早期研究時，她說：「我開始意識到主要問題之一是，如何讓某人從小額信貸系統進入正規信用系統？」[37]為了幫助小額借款人獲得正規信貸，她向傳統信貸中心報告他們的還款歷史，來幫助客戶建立公開的紀錄。Tala 的數據分析負責人夏農・葉慈（Shannon Yates）說：「我們希望強化的概念是，即使無法立即見效，（客戶）仍可以利用信貸長期受益。」[38]

短期來說，Tala 為客戶提供穩定的資金，減少他們和家人的生活焦慮和壓力。長遠來看，Tala 的客戶會感受到財富增長、取得進入傳統銀行的管道，並增長金融知識。[39]這不僅能讓創業家蓬勃茁壯，也是當地經濟發展的關鍵。

到了二〇一八年四月，Tala 已在三輪融資中籌集超過一・零五億美元。[40]同年十月，第三方支付服務商 PayPal 加入投資者名單。[41]在 Tala 宣布第三輪融資獲得六千五百萬美元那天，西羅亞被問到她對公司未來五年發展的看法。她回答：「我們會證明，採取不同作為是有可能成功的。使命和利潤不是零和遊戲，你可以同時追求兩者，然後仍能獲勝。」[42]

金融科技無疑是影響力創業家改善人們生活的有力方式。生物科技也是如此，它重塑了農業等非常傳統的領域，以改善農民的生計並養活全世界。

養活世界的創新種子

隨著全球有七十五億張嘴需要餵養、氣候變遷就在眼前，農業可以說是地球上能夠產生最大影響的行業。然而，還有很多工作要做：研究顯示，二〇五〇年前，我們需要將作物產量提高約二五％至七〇％，才能養活自己。[43]

麻州新創公司靛藍農業（Indigo Agriculture），便利用微生物學，提高作物產量，並減少農業化學品的使用。該公司的創始人受到人類腸道微生物體（gut microbiome）研究的啟發。據說我們體內的微生物體可以抵禦傷害且有益健康，[44]傑佛瑞．馮．馬爾察恩（Geoffrey von Maltzahn）便將此想法應用於農業。在獲得麻省理工學院生物醫學工程博士學位後，二〇一六年，三十多歲的他與他人共同創立了靛藍農業。正如他所說：「微生物體可能是影響農作物性質和特徵的更強大、也更自然的手段。」[45]換句話說，與當前的做法相比，生機蓬勃的微生物體可以更好地保護作物免受疾病、乾旱和害蟲所苦。

靛藍農業的做法是找出健康作物中的有效微生物，將其添加到出售給農民的種子中。因此，這些種子能長成具有高度適應性和生產力的植物，無須使用合成化學藥品即可繁茂生長。靛藍農業的報告指出，該公司的棉花、大豆、玉米、水稻和小麥種子的作物產量增加六%至一四%。[46]

到二〇一九年，靛藍農業已經由六輪融資籌集了六・五億美元，估值達三十億美元。[47]除了對人類微生物體背後的科學進行巨額投資外，該公司還結合多項技術融合的優勢，包括DNA定序技術、運算工具和互聯發展。[48]正如馮・馬爾察恩所說：「任何人只要有手機和剪刀，就能提供植物樣本，我們可據此知道GPS位置、當日時間、該地的天氣歷史、推斷所處的環境應力、從照片推斷其適存度，也能得知植物種類，並以不斷降低的成本對微生物體定序。」[49]

然而，並非所有影響力企業都像這樣運用科技。比方說，針對重大挑戰，非洲軟體開發者培訓公司Andela的創始人並不依賴科技創新。相反地，他們創新商業模式，以提升新興國家人民取得高薪工作的能力。

向全世界輸出人才的「星探」新創

二〇一四年，二十多歲的奈及利亞人托盧洛普．科莫拉菲（Tolulope Komolafe）藉由輔導學生數學，賺取每月二十五美元的收入。[50]她畢業於電機系，[51]但隨即成為該國四〇％失業或低度就業人口的一員。[52]

後來，科莫拉菲看到拉哥斯（Lagos）的新創公司能提供機會，培訓她成為全球各公司的軟體開發人員且支薪，她第一個念頭是覺得自己被騙了，而且認為這「好得令人難以置信」。[53]但是，這個由科技公司暨全球人才加速器 Andela 所發布的機會，是個合法職缺。

科莫拉菲在其他兩千五百名申請者中脫穎而出，成為這家新創公司的第二批軟體開發小組的一員、成員共二十人。[54]很快地，她參加了程式訓練營和軟體技能培訓。[55]經過一千小時的職業培訓，她已夠格為 Andela 的客戶工作，[56]包括大企業像ＩＢＭ到小公司如GitHub。[57]

與印度和中國主要在價格上競爭的外包模式不同，科莫拉菲和她在Andela的同事相當於客戶公司的一分子，其中一些甚至向Andela的開發人員提供股權。[58]科莫拉菲的前雇主Everplans、一家臨終計畫平台，邀請她參加紐約市的迎新活動，在那裡她能夠見到共事數月的同事。[59]到了二〇一六年，Andela的聯合創辦人兼總裁克莉絲汀・薩斯（Christina Sass）稱科莫拉菲為新創公司的明星程式開發人員。[60]

Andela起步於二〇一三年，當時二十歲出頭的奈及利亞人、連續創業家艾因魯哇・阿博耶吉（Iyinoluwa Aboyeji）向美國教育科技創業家傑瑞米・強森（Jeremy Johnson）尋求建議。強森很快同意成為新企業的執行長，並引領薩斯加入。

這家新創公司背後的驅動力，是相信人才平均散布於世界各地，但機會並非如此。該團隊致力於尋找和培養優秀人士成為科技人才，以填補各國的人才缺口。事實上，那些國家的新創企業往往因科技人才短缺和人才成本高，而窒礙難行。

大多數 Andela 的開發人員在他們的沉浸式人才培訓計畫期間，會住在「校園內」的補貼宿舍中。[61]薩斯說，「長期目標是讓他們蓄勢待發，真正推廣並引領整個非洲大陸的技術普及。」[62]根據薩斯的說法，他們其中四分之一的人想創辦自己的公司，[63]而其他人可能成為現有公司的技術領導者、組織顧問或幫助 Andela 擴展商業模式。[64]

Andela 專注於勞動力發展、教育和科技的商業模式，以及幫助非洲科技產業發展的長期目標，吸引了講究的投資者的注意。二〇一五年，eBay 創辦人皮耶・歐米迪亞（Pierre Omidyar）和 ＡＯＬ 聯合創辦人史蒂夫・凱斯（Steve Case）一同參與了總額為一千萬美元的融資，以幫助 Andela 擴展非洲大陸的版圖。[65]

一年後，Andela 吸引了臉書的祖克柏和他的妻子普莉希拉・陳

（Priscilla Chan）的注意。他們透過陳和祖克柏基金會（Chan Zuckerberg Initiative），在 Andela 的第二輪融資中，領投兩千四百萬美元。事實上，Andela 是陳和祖克柏基金會的第一筆領投，其他參與方如 GV 創投（原 Google Ventures）、星火資本（Spark Capital）、歐米迪亞網絡（Omidyar Network）、學習資本（Learn Capital）和 CRE 創投也加入本輪融資。投資後不久，祖克柏前往拉哥斯參觀 Andela 辦公室，並會見公司人員。薩斯在接受採訪時說：「我們對所有申請者說過（尤其是在早期）……我們會向全世界展示你的才華。而就在（祖克柏）走進來的那一刻，一切變得非常真實。」[66]

二〇一七年，該公司在由 CRE 創投領投的第三輪融資中，籌集了四千萬美元。這是非洲公司獲得的最大一輪融資之一，而且是由非洲創投公司領投。這筆新資金將資助 Andela 擴展到另外兩個非洲國家，並將其工程師的數量擴增一倍。[67]

截至二〇一九年，Andela 服務超過兩百個客戶，收到超過十三萬份履歷，遴選出一千五百名程式開發人員。正如《經濟學人》所述，Andela「展示了如何從拉哥斯時髦的辦公大樓，向世界各地的精明客戶輸出頂尖人才，而且不用行經擁擠的港口或破損的鐵路。」[68]

同年，第四輪融資的一億美元使 Andela 的總資金達到一．八億美元。該輪融資由世代投資管理公司（Generation Investment Management）領投，這家強調永續發展的投資公司由艾爾．高爾和大衛．布拉德所創立。[69]

至於科莫拉菲，她說她的目標是發揮程式開發人員的長才，為世界帶來影響。她說，「從長遠來看，我想加入解決問題（如虐童）的團隊。每一天，我都在思考，如何運用自身科技所學來解決問題。」[70]

此外，影響力企業家也能透過革新傳統產品，來建立成功的企業。像加州的食物革命公司（Revolution Foods）和以色列的納茲德影響力食品公司（Nazid Impact Food）就這樣做，投注心力在全球學童的健康狀況。

為孩子提供成功燃料的飲食革命

想像一下，你是一個餓著肚子醒來、但沒有積蓄的孩子。你沒早餐可吃，就得準備上學。你一天中的第一頓飯，是學校的食堂午餐，但那時你早已餓到痙攣。你排隊等候，一些幾乎無法辨認的東西倒在你的托盤上。儘管難以下嚥，但很快午餐時間就結束了。

這就是許多學生面臨的情況，即使在已開發國家亦然。然而，這些學生仍需要在課堂上集中注意力、舉止不失常。[71]在美國，有超過一千三百萬名兒童餓著肚子上學。然而，學校食物的品質可能很差，加上令人倒胃口的擺盤，導致孩子寧可選擇垃圾食品，也不吃學校的熱騰騰午餐，甚至寧願挨餓。正如《紐約時報》作家所描述：「一般食堂的菜色幾乎無助於遏制美國不斷上升的兒童肥胖率，甚至可能就是兒童肥胖的元凶。」[72]

飢餓的孩子不僅有學習障礙，也會難以專注並導致行為偏差。[73]而美國兒童在學校會消耗一半的卡路里，[74]因此，確保他們獲得高品質的食物應為第一要務，但預算問題卻讓這件事窒礙難行。對美國學童來說，幸運的是，姬斯滕・托比（Kirsten Saenz Tobey）和姬絲汀・里奇蒙（Kristin Groos Richmond）創建了食物革命公司來鼓勵健康的校園飲食。兩人在加州大學柏克萊分校的哈斯商學院（Haas School of Business）ＭＢＡ課程的第一天相遇，並成為親密的朋友。兩人都有教育背景並曾在國外生活，而里奇蒙曾從事金融工作。

在研究所期間，兩人制定了一項商業計畫，旨在「以可掌控的價格提供新鮮膳食」。[75]托比說：「我們在課堂上花了很多時間為公司編寫商業計畫，並出去與學生、教師、學校長官和負責人交談，以了解他們看到哪些改善學校食物品質的機會。」[76]

二〇〇六年兩人畢業之後，立即在加州奧克蘭市中心進行試行計畫，每天在租來的廚房裡為孩子們準備三百份餐點。食材天天新鮮烹製，不含人工色素、香料、防腐劑和甜味劑。她們提供不含激素的牛奶和肉類，並優先考慮有機和當地種植的食材，而這正是女性同胞所說的「真正的食物」。[77]

一開始，這間公司主要為實驗學校（charter school）和低收入地區學校提供服務，但截至二〇一二年，食物革命公司每天在美國十一個州的八百五十所學校提供二十萬份餐點，包括德州、紐約州和路易斯安納州。[78]其中，大部分是公立學校，而八〇%兒童因為低家戶收入而適用免費或減價午餐計畫。[79]托比說，「這確實是我們公司的創立初衷，即確保孩子在學校能享用免費午餐。而且他們的食物品質就跟有錢人家小孩吃的一樣好。」[80]

好評大量湧入。里奇蒙說，根據大家的親身見證，更健康的食物讓學生「更專注、少被處罰、少跑醫護室，也少曠課。」[81]

二〇一四年，史蒂夫．凱斯用他的革命成長基金（Revolution Growth fund）投資了三千萬美元。他說，「光是美國，學校午餐業務就有一百六十億美元之譜。」[82]到了二〇一五年，該公司的收入達到八千萬美元。[83]二〇一九年，它已籌集近一．三億美元的資金，[84]且收入來到一．五億美元。[85]截至目前為止，它每週在美國四百個城鎮，提供超過兩百五十萬份餐點，[86]光在紐約州和紐澤西州就提供了二十二萬五千多份餐點。[87]托比說，「我們的最終目標，是為孩子提供航向成功的燃料。」[88]

這份旨在「提供更健康美味的學校膳食」的影響力創業精神無遠弗屆。比方說，在世界的另一端、以色列的貝都因人社區中，也可見到美國食物革命公司的進取創新精神。

貝都因人擁有獨特的文化和歷史認同，但也使得他們成為以色列社會中最缺乏資源的一群。他們聚落的失業率非常高，約四〇%，而貝都因工人的平均工資不到全國平均水準的一半。此外，一般而言，貝都因婦女在公平和有效就業方面，面臨的困境更大。

來自社會經濟排名最低的貝都因小鎮、創業家易卜拉欣・納薩拉（Ibrahim Nassara）意識到，他所在的社區有個迫切需求，那就是健康的學校餐點。因此，他於二〇一一年創辦納茲德影響力食品公司，以改善貝都因兒童的學校補貼午餐問題。從三名女性每天做三百頓飯開始，納茲德公司現在雇用了一百多名來自貝都因社區的人員，他們每天為以色列各地的學校準備兩萬多份餐點。

納茲德產生的影響有二。首先，它提供健康、美味的食物，改善了資源不足地區學童的營養問題。與此同時，納茲德向員工提供公平工資和福利，提高了貝都因家庭的收入，並讓貝都因婦女能有就業機會，可以實現個人和經濟獨立。該公司的影響力在二〇一九年得到認可，當時納茲德成為第一家由貝都因人所領導的公司，並獲得私募股權資金，也得到來自 Bridges Israel 影響力基金的四百萬美元投資。[89]

為人類打造永續未來的影響力創業家

雖然並非上述所有企業都會衡量自身影響，但他們都將影響力納入商業模式中，而且影響力愈大，賺的錢就愈多。全球許多影響力企業的前景也一片大好，從水到消費品，許多行業均受到年輕影響力創業家的雄心壯志所鼓舞。

米娜・桑卡蘭（Meena Sankaran）是水質監測新創公司KETOS的創辦人。她在印度長大時染上水媒疾病，因而萌生要有所作為的念頭。隨著公司問世，並在二〇一九年籌集到九百萬美元，桑卡蘭更把心力投注在用軟體和數據分析來標記水汙染，而且成本只是其他監測方式的九牛一毛。[90] 然而，水質不僅僅是開發中國家的問題。正如密西根州夫林特市（Flint）的水汙染危機所示，較富裕國家的破舊基礎設施，也會危及水源。[91]「智能水網管理……並非可有可無的做法，而是必備措施。」桑卡蘭說。[92]

我們除了能在水、空氣和食物等必需品方面造成深遠影響，也能在消費品領域發揮巨大作用。比方說，TOMS鞋公司發揚了「買一捐一」（One for One）模式，即顧客每購買一雙鞋，TOMS就會向弱勢者捐贈一雙。而受惠於消費者的正面反應，公司的商業模式迅速傳播開來。又例如，美國創業家蘭迪．戈德堡（Randy Goldberg）和大衛．希斯（David Heath）在得知襪子是遊民收容所最需要的物資後，於二〇一三年創辦邦巴斯（Bombas），向消費者銷售高品質襪子，並向遊民收容所捐贈襪子。至二〇一九年，他們已捐贈超過兩千萬雙襪子。[93]

另一種受矚目的零售影響力商業模式，是將原本會運到掩埋場的廢料拿來再利用並銷售。舉例來說，英國社會企業 Elvis & Kresse 便將消防水管、廢皮革和其他二手材料再製成包包和皮夾。自二〇〇五年以來，該公司化一百七十五噸廢棄的消防水管為神奇，並與時尚品牌Burberry合作、使用其皮革廢料。[94]此外，Elvis & Kresse還將五〇%的利潤捐給公益團體。[95]「自著手處理算起，我們在五年內就解決消防水管的問題。但皮革的問題要嚴重八萬倍。」[96]聯合創始人克雷絲・偉斯林（Kresse Wesling）說，「因此在不久的將來、甚至是人生的中期規劃上，肯定要來解決皮革的問題。」[97]

在我看來，這些影響力商業模式將成為千禧世代的標誌。這群創業家緊隨著賈伯斯、比爾・蓋茲、賴利・佩吉（Larry Page）和祖克柏等傑出年輕科技創業家的腳步，後者推動高科技發展至令人眩目的境界，並在過程中改變所有人的生活。

我可以看出高科技對企業的衝擊，與今日影響力帶來的顛覆之間，有極大的相似之處。我知道我們會看到，影響力創業家的抱負與成就不會輸給科技創業家，但前者會為地球貢獻遠超過對手的正面影響。

迄今為止，最著名的影響力創業家是伊隆．馬斯克。儘管他的高階電動車公司特斯拉面臨種種問題和挑戰，馬斯克仍單槍匹馬地使汽車產業變得更好。

根據特斯拉最新的影響力報告，該公司已售出超過五十五萬輛電動車，行駛里程超過一百六十億公里。與搭載內燃機的汽車相比，電動車可節省超過四百萬公噸的二氧化碳。[98] 若以慣用的每公噸三百美元的環境成本來計算，這相當於避免了因環境破壞所造成的十二億美元經濟損失。

馬斯克和特斯拉的故事，激勵了新一代創業家投入改善空氣品質，並減少人類對化石燃料的依賴。從印度的新創企業、有「兩輪特斯拉」[99] 封號的電動自行車製造商阿瑟能源（Ather Energy），到十幾家擁有數十億美元資本的中國汽車開發商，世界已準備好擁抱以電池供電、而非燃油引擎的交通工具。「特斯拉開拓出康莊大道。」上海某電動汽車新創公司的負責人說：「現在，我們要在這基礎上更進一步。」[100]

改寫成功的商業新浪潮

現在是推動影響力事業的最佳時機，部分原因是法律和監管環境變得更加友善，使企業能超越傳統法律上追求利潤的義務。這方面最先進的作為發生在美國，二〇〇六年，B型實驗室（B Lab）成立，「為那些商業活動能發揮正面影響的創業家服務」。其中「B」代表「有益的」（beneficial）。

B型實驗室是全球性的非營利組織，它向符合社會和環境績效標準的營利性企業授予私人認證，並根據一百八十種不同的影響力指標為企業評分。該分數反映了公司能否滿足社會和環境績效、當責度和公開透明度等標準。[101]而要獲得認證，他們必須獲得一定的分數，且每三年得重新認證一次。目前，在六十四個國家的一百五十個行業中，約有三千家經過認證的B型企業，其中包括巴塔哥尼亞、瓦爾比派克、食物革命公司和班與傑瑞（Ben & Jerry's）。[102]

第四章會提到，即使是像達能（Danone）這種乳業食品巨擘，其旗下的三個子公司也有獲得認證。達能的北美分公司是世界上最大的B型企業。在B型實驗室的努力下，美國於二〇一〇年引入了新的公司形式：共益企業（benefit corporation）。

共益企業的法律形式讓企業擺脫了利潤最大化的義務，使他們能夠尋求影響力，不必擔心股東採取法律行動。[103]一旦沒有不惜一切代價實現財務報酬最大化的傳統任務，共益企業得以在關心股東的財務收益之餘，做出反映員工、社區和環境利益的決策。換言之，共益企業的存在，為依照道德行事，提供了法律保護。

在美國，已有三十四州引入共益企業法，另外還有六州在推動入法。[104]截至二〇一九年年中，美國有超過五千四百家運作中的共益企業。比方說，巴塔哥尼亞和募資平台Kickstarter便是通過B型實驗室認證、並以共益企業註冊成立的公司。

英國也推動了類似的制度，於二〇〇五年引入了社區利益公司（Community Interest Company，CIC）。這是為小企業量身打造的方案，該制度允許他們將利潤和資產用於公共利益。在制度推出後的前十年，有超過一萬四千家企業註冊為社區利益公司。[105]這種透過立法提高社會企業地位的趨勢，也席捲其他國家，包括法國（我們會在第六章討論）、盧森堡和義大利。

推動影響力成真的基地

對於任何新創企業而言，導師制度（mentorship）和種子資金至關重要。近幾十年來，出現許多新創育成機構，從初期培養影響力創業家，一路伴著創業家的突破性創新點子成形。例如，非營利組織阿育王（Ashoka）就是很好的例子。阿育王由比爾・德雷頓（Bill Drayton）於一九八〇年創立，希望藉由創建社會企業來減緩貧富不均的問題。面對社會挑戰，它集結一群握有大規模解決方案的創業家，贊助他們實現願景。這群「阿育王夥伴」（Ashoka Fellows）會獲得金錢補助，以全力推動社會創新，最終目標是創建自給自足的機構。

阿育王自成立以來，已成為全球最大的社會企業家社群之一，並在全球九十多個國家，資助超過三千五百名社會創業家。[106]

在創投界，綠色迴響（Echoing Green）是另一位佼佼者。這家全球性的非營利組織自一九八七年以來，為許多機構提供種子資金和戰略支援，合計在三千七百所學校服務超過一千兩百萬名學生，以及三百七十萬名病患和二十七萬名社區衛生工作者。[107]著名的綠色迴響夥伴包括溫蒂・卡普（Wendy Kopp），她是「為美國而教」（Teach For America）的共同創辦人。「為美國而教」是一個非營利組織，專門培訓大學畢業生和專業人士在美國及其他地區的社區任教兩年，以支持教育均等化（educational equity）。

另一個鼓勵創業家發揮高度影響力的組織是全力（Endeavor）。它由琳達・羅騰堡（Linda Rottenberg）於一九九七年創立，在全球設有五十個辦事處。這些辦事處運用該組織的一・一五億美元基金，找出、指導並共同投資影響力企業。[108]

阿育王、綠色迴響和全力等先鋒組織，共同推動了社會影響力創業的發展。這些組織身先士卒，發揮新意推動全球影響力創業、並將其與現代商業思維做結合。

影響力創業家，接棒！

觀察當今世界的現狀，我們需要採用創新的解決方案，來應對社會最緊迫的挑戰。對於年輕創業家來說，本章討論的案例深具啟發性。在世界各地，年輕創業家運用前輩引進世界的新技術，為棘手問題提供創新的解決方案。一旦創業家同時追求利潤和影響力，他們能夠在不犧牲財務報酬的情況下，活出成功的姿態，而且影響力經常是驅動成功的關鍵。由於影響力是公司商業模式的核心，他們的利潤也能與影響力一同成長。

隨著風險—報酬—影響力模式顛覆盛行的商業思維、政府引入新的激勵措施來推動影響力創業，影響力創業家會翻轉人類改善世界的方式。而第一代影響力創業家已經示範了如何加速社會進步、使社會更加公平，以及如何加強政府和慈善家在改善生活和幫助地球上，所做的努力。

請那些敢於帶路的人，允許自己嘗試和失敗。最重要的是，要有「獲利兼行善」的雄心壯志。這樣，你的企業除了能帶來正向改變，還可樹立榜樣，說明如何在利己和利他之間，達成更健康的平衡。

我的座右銘是「立大志，撐到底，一切要趁早。」你能選個茲事體大的問題，想出對症下藥的產品或服務。與其僅把影響力列為你密切關注的並行目標，不如將影響力置於公司業務的核心並找出衡量方法。請朝著「擁有深遠影響力」的目標努力，有朝一日，就能創業有成。而且這家公司一定會成功，因為它有利可圖，也有影響力。一旦你創造的影響力是公司業務不可或缺的一環，你就能像其他雄心勃勃的創業家一樣精準聚焦。

影響力有助於你成功，讓你招聘到最優秀的人才。畢竟物以類聚，人才會被造福四方的公司所吸引。最好的新創企業會解決重大問題，因為他們最成功地吸引了天賦異稟的團隊，並集結眾人之力追求激勵人心的使命。最後，隨著影響力投資持續發酵，投資者會找上門，因為你是主導金融投資市場趨勢的先行者。

上一代的青壯科技創業家和崛起世代的影響力創業家之間，有個很大的區別是：雖然科技創業家只能在矽谷等少數稀有環境中蓬勃發展，但影響力創業家在任何有重大社會和環境問題的地方，都能茁壯成長。他們身懷相同的熱情和抱負，希望有所作為，並領導著創業運動，期許能建立嶄新、更美好的世界秩序。

影響力思維

- 影響力創業證明了有更好的生活方式，而且企業可以行善與賺錢兼得。
- 沒有必要在「財務報酬」和「社會回饋」間拉鋸。事實上，「影響力」往往是公司獲利的助力、而非阻力。
- 現在是推動影響力事業的最佳時機，部分原因是法律和監管環境變得更加友善，使企業能超越傳統法律上追求利潤的義務。
- 隨著風險—報酬—影響力模式顛覆盛行的商業思維、政府引入新的激勵措施來推動影響力創業，影響力創業家會翻轉人類改善世界的方式。

Chapter

3

創造共好的影響力投資

影響力投資不只是道德選擇，更是明智的商業決策。

當全球最大投資公司的領導人、貝萊德執行長拉里・芬克寫公開信，敦促企業考慮自身對環境的影響，人們注意到了。當工人說，他們不想將退休金投入到有害的公司、而要投資對社會負責的公司，退休基金注意到了。當世界最大的石化燃料公司受到數百名重要投資者施壓，要求減少排放量，這些公司別無選擇，只能遵從。

上述行動有什麼共同點？那些行動是由自覺對共享世界的責任益發重大的投資者所發起；那些行動顯示投資者對投資的公司的看法有所不同。大家逐漸意識到，為了改變世界，也必須改變經營方式。

我們可以利用每個人不同職位的力量，要求自己所支持的企業做得更好，也可以把資金投入在那些對社會和地球產生正面影響的企業，如前一章所探討的諸多企業。我們可以行使強大的集體影響力來改變企業，而不是責怪私部門。

從美國、日本、法國、英國、斯堪地那維亞半島到荷蘭，投資者在決策時，開始前所未有地把影響力列為優先考量。這種正面、生生不息的能量令人印象深刻。而它的規模不僅遍及全球，速度也在加快中。

近年來，ESG投資得到法人的大力支持，這種投資也稱為責任投資（RI），主要目標是將危害降至最低。投資者在進行投資時，會將負面影響列入篩選條件，以排除不良行為者，例如菸草或煤炭公司，或雇用童工的公司。過去兩年，ESG市場從二十二兆美元增長到三十一兆美元，[1]占全球所有可投資資產的一五%，相當於專業管理資產的三分之一以上。

在ESG領域，投資者對於綠色債券（green bond）的需求大增，是這類新投資方式興起的有趣指標。綠色債券指的是，為環境保育計畫提供資金的傳統債券。事實上，投資者對這些債券的需求飆升，二〇一九年的需求超過兩千億美元，[2]比起二〇一八年增加五〇%以上，[3]總額達到七千五百億美元。

最近，管理資產總值四千五百億英鎊的英國資產管理公司施羅德

（Schroders）執行長彼得・哈里森（Peter Harrison）表明，影響力是投資界的「大趨勢」，而他的說法並不令人意外。

但投資者當然會擔心「掛羊頭，賣狗肉」的問題，也就是只不過是將既有的作為包裝成具有影響力，但卻沒有帶來任何影響。因此，提高影響力的標準刻不容緩。為了將發揮影響力的想法，轉化為實際的影響力，我們必須衡量影響力，以確保達成目標。此時便是影響力投資登場的時刻。

影響力投資在兩個方面比ESG投資更進一步發揮威力。首先，它的目標不僅在避免負面衝擊，更要創造正面影響；其次，它要求衡量產生的影響。一般來說，ESG投資沒有測量標準，而是以質性（qualitative）和非標準化（non-standardized）的方式評估公司政策的影響。這種評估並不精確，而且無法對企業進行可信的比較。相比之下，真正的影響力投資不需要靠猜測，而是有可靠的影響力數據為佐。自二〇一六年以來，影響力投資市場每年都加倍成長。二〇一七年，全球總規模估計為兩千三百億美元；[4]二〇一八年來到五千零二十億美元；現在，正朝著第一個一兆美元邁進。

對影響力投資的需求極為強勁。世界銀行的下屬機構國際金融公司（International Finance Corporation，IFC）估計，現今投資者的需求高於二十六兆美元，這是二〇一八年市場規模的五十倍。在如此巨大的需求未獲滿足的情況下，我們可以預期市場將持續多年的快速成長。

世界上一些最大的資產管理公司和退休基金將影響力放在首位的原因很簡單，因為這是他們客戶的要求，尤其是年輕的客戶。根據美國信託（US Trust）的研究，「相較於其他世代，千禧世代更會投資那些以至善為優先的組織。」[5]麥肯錫最近的一份報告顯示，千禧世代投資那些造福社會的公司的可能性，是其他公司的兩倍。[6]未來幾十年內，千禧世代會從嬰兒潮世代父母那裡繼承巨額資金。僅在美國，此一數字就達三十兆美元。[7]因此，千禧世代將成為改變投資方式的中流砥柱。

當影響力投資經理人能證明，自己可打造出兼顧影響力和財務報酬的理想組合，自此，影響力投資不只是道德選擇，更是明智的商業決策。投資者會察覺到，影響力是提升報酬的助力、而非阻力。

怎麼可能會這樣？這麼說吧，正如前一章所述，當我們善用風險—報酬—影響力模式，就握有更多降低風險的辦法。首先，我們避免了與有害投資為伍的風險，像是未來被監管、課稅，甚或是可能導致業務停擺的禁令風險。舉例來說，世界上最老練的投資者之一，耶魯大學的大衛·史雲生（David Swensen）曾寫信給耶魯投資組合公司的執行長，強調氣候變遷指引著耶魯的投資政策。史雲生要求耶魯投資組合公司在報告中考慮石化燃料的影響，因為他擔心可能會徵收碳稅，進而損害獲利能力。

另一個例子，是針對汙染公司的「股東行動主義」（shareholder activism）。克里斯托弗·霍恩爵士（Sir Christopher Hohn）是世界上表現最好的避險基金經理人之一，他寫信給旗下投資組合的各公司執行長，要求他們減少溫室氣體排放，並揭露碳足跡。他說，投資者「可以利用他們的投票權，迫使不正視環境排放的公司做出改變。投資者擁有權力，他們必須使用它。」[8]簡而言之，危害作惡已經成為一門頗具風險的生意。

不負責任的公司得要承擔另一個風險是：消費者、員工和投資者會棄而遠之，投向那些與個人價值觀更契合的競爭對手。畢竟，投資者能選擇把影響力放在第一位，來迴避風險。

然而，影響力不僅可以降低風險，還能打開新機遇的大門，來提升報酬。例如，一家為資源不足的群眾提供低成本產品的公司，聽起來可能不是很好的投資機會。但是，如果它善用大量的潛在需求，很可能比提供服務給更成熟市場的競爭對手，獲得更多利潤。

從先前的影響力企業討論可以發現，如果透過影響力的視角看世界，會取得高成長和報酬的機會，反之則會錯過這些機會。簡而言之，做好事是門絕佳的生意。

從衡量風險，到衡量影響力的啟發之路

風險衡量的觀念始於二十世紀下半葉，[9]並對全世界的投資組合產生了深遠影響。一旦預期報酬足夠高，投資者受到「風險調整報酬」（risk-adjusted returns）這個新概念的鼓舞，將更高風險的投資類別納入投資組合中。因而衍生出投資組合多元化的構想，而這又開拓出風險和報酬更高的新資產類別，包括創投、私募股權和新興國家投資等。在風險衡量概念的帶動下，風險思維帶來比以往更高的報酬水準。畢竟，在一九七〇年代之前，普遍的做法是僅投資本國的股票和債券。

衡量風險之所以與本書主題相關，是因為首先，比起風險，人們能更實在地衡量影響力。其次，我認為，很快就能透過影響力加權會計帳目，有系統地將影響力量化。而此帳目能同時反映公司的影響力和財務業績。

一旦這種帳目得以落實，影響力思維就能發揮重大功效，就像之前風險思維所造成的影響一樣。換句話說，人們會調整投資組合，在追求財務報酬之餘，也發揮可衡量的社會和環境影響力。

我們在第一章看到的SIB，就是很好的影響力投資創新範例。由於SIB的報酬，取決於社會或環境問題的解決成效，因此SIB的報酬基本上不受股市或利率變動的影響。因此，在股市暴跌或利率飆升時，SIB的波動性會降低，投資組合的報酬則會提高。

SIB和DIB也清楚證明了風險—報酬—影響力模式的內在邏輯。當此三螺旋模式發揮最佳效能，我們可以達到更好的「效率前緣」（efficient frontier）表現，即在相同的風險水準下，獲得更高的報酬和更大的影響力。由於投資金流在經濟體中極為重要，套用風險—報酬—影響力思維的投資，勢必會引領眾人走向影響力經濟之路。在這條路上，影響力左右投資的每個決定、影響每項商業決策，我們將在下一章看到這點。

提高影響力投資標準的關鍵

在提高影響力的衡量標準上，各路人馬早就開始行動，而世界銀行正是其中的佼佼者。在時任世銀執行長喬治艾娃（Kristalina Georgieva）的激勵型領導下，隸屬世界銀行的國際金融公司於二〇一九年四月，發布了重要報告《影響力投資的承諾》（*The Promise of Impact Investing*）及《影響力管理的運作原則》（*Operating Principles for Impact Management*），後者是為了提供「影響力投資的市場標準」。該報告強調獨立驗證成效的重要性，目標是：「投資者講求用有紀律和透明的方式，在獲得財務報酬的同時，也對社會產生正向影響。」[10]而其中，「驗證」、「紀律」和「透明」三詞，對於推動更高的影響力投資標準至關重要。

到目前為止，國際金融公司的運作原則已被全球八十多個投資者採納，[11]包括多邊開發機構、銀行、企業、保險公司和資產管理公司。這些組織總共持有三千五百億美元以上的影響力投資，相當於全球總資產的七〇%。[12]國際金融公司執行長菲利普．勒奧魯（Philippe Le Houérou）便曾宣告：「此時此刻，影響力投資有成為主流的潛力。」

接軌SDGs，打造影響力大未來

二〇一五年，隨著聯合國發布改善世界的永續發展目標（SDGs），影響力投資運動博得世人關注，人們也感受到該議題的緊迫性。全球領導人齊聚一堂，制定議程，以建立更公正和永續的未來。在二〇三〇年前，SDGs旨在達成十七項不同領域的目標，包括終結貧困、消除飢餓、人人享有水和能源、確保有教無類、公平以及高品質的教育、環境保育和人權保護等。

據估計，為了達成ＳＤＧｓ，未來十年將需要再投入三十兆美元的資金。要達到這個數字，私部門的大筆財務資源不可或缺。這筆資金不能僅來自政府和慈善事業。如果三十一兆美元的ＥＳＧ投資確實能發揮影響，私部門就能挹注資金缺口。要達成這點，我們需要對ＥＳＧ投資的現金流，進行影響力評估。

讓我們從客觀的角度來看這三十兆美元，全球投資資金池（global investment pool）估計為兩百一十五兆美元。正如先前所述，慈善基金會每年的全球捐贈金額約為一千五百億美元，[13]而ＯＥＣＤ成員國政府每年僅在健康和教育方面就花費十兆美元。

隨著當前ＥＳＧ資金池中，嚴謹的影響力衡量指標與時俱進，若將ＥＳＧ資金轉化為影響力投資，加上突破性的新影響力投資形式，到了二〇二〇年，影響力投資應能夠超過全球投資資產的二〇%，達四十兆美元以上。但我們該如何達成這個數字？

2016 年投資資金來源 *（兆美元）	
退休基金	38.3
保險公司	29.4
主權財富基金	7.4
高淨值資產人士	72.3
富裕大眾	67.2
上述總資產	**214.6**
全球管理資產	**85**

*《資產和財富管理革命：擁抱指數性的改變》(*Asset & Wealth Management Revolution: Embracing Exponential Change*)，資誠報告，2017年。

2018 年金融市場規模（兆美元）	
全球掛牌股票價值 *	74.7
債券市場	102.8
私募投資 ** —創投和私募股權 —房地產 —基礎建設	5
總計	**182.5**

*美國證券業暨金融市場協會（SIFMA），《資本市場事實報告書》(*Capital Markets Fact Book*)，2019年。

**《麥肯錫全球私募市場評論》(*McKinsey Global Private Markets Review*)，2018年。

無論是領取退休金的工人、委託資產顧問來投資的人、擁有壽險保單者，還是由「家族辦公室」（family office）❶來理財的富豪，每個人都會對投資組合產生影響。我們可以發揮影響力，遏止公司作惡，並找出行善的公司，如此一來，便能替SDGs挹注資金，並為實現更公平和永續的世界做出貢獻。

迄今為止，在影響力投資界取得最大進展的投資族群是退休基金（三十八．三兆美元）和資產管理公司（八十五兆美元）。讓我們從退休基金談起。

退休基金的投資新寵兒

當我們聽到「退休基金」一詞，會想到什麼？大多數人對如何投資退休金毫無頭緒，也不知道退休基金的投資組合對世界的影響，然而那些退休基金經理人的行為卻舉足輕重。二〇一六年，世界退休基金持有三十八兆美元的資產，[14]占世界總投資資產的近二〇%。如果退休基金經理人能充分發揮風險—報酬—影響力思維，便能大力促成SDGs的實現。因此，你我有充分的理由，發揮一己之力，影響退休基金的資金運用方式。

事實上，很多有退休金的人，希望基金經理人的價值觀與自己一致。英國大社會資本在二〇一七年的報告指出，幾乎一半的儲戶想投資反映自身價值觀的公司，其中健康、社會關懷、環境規劃和住房議題是上乘之選。[15]其中一些人化願望為行動，這從全球退休基金經理人改變投資方式便可見一斑。在這種壓力下，加上ESG投資的趨勢，基金經理人開始改變投資組合。

❶家族辦公室，指巨富豪門啟用專業團隊，依其需求管理財富、控制風險、節稅、擬定傳承計畫等。

許多歐洲退休基金的經理人，特別是荷蘭，在這方面遙遙領先。比方說，聯合國於二〇一五年宣布SDGs時，荷蘭便制定了行動計畫來推動這些目標：二〇一六年十二月，該國的退休基金、保險公司和銀行聯合推出了荷蘭永續發展目標投資倡議（Dutch SDG Investing Agenda）。

該倡議極具開創性，因為它凝聚了全國支持永續投資的共識。而該倡議有十八個簽署方，共同管理著超過三兆美元的資產，包括荷蘭數一數二的退休基金，像是：PGGM管理兩千一百八十億歐元，[16] APG管理五千零五十億歐元，[17] MN管理一千三百億歐元。

在簽署永續發展目標投資倡議時，MN投資長傑拉德·卡爾蒂尼（Gerald Cartigny）表達了背後的想法：「僅關注財務報酬，不能確保退休族未來的生活品質。我們的根本動機是將永續性納入投資組合中，並在力所能及下，為SDGs做出貢獻。」[18]

PGGM是引領世界、以影響力為導向的退休基金之一。該基金投資約一百二十億歐元[19]於氣候、糧食安全、水資源短缺和健康等四個永續發展主題。依規定，他們至少得投資兩百億歐元。[20]職掌投資的資深顧問皮艾特・凱樂普（Piet Klop）表示，該組織正歷經文化轉變，並指出「承擔責任、尋找衡量方法，最終對影響力進行管理，是非常重要的事。」[21]

同樣地，二〇一七年初，荷蘭另一家管理金屬和電機業的退休基金PME也宣布，會將旗下四百五十億歐元投資組合中的一〇%用於實現SDGs。新戰略將聚焦在可負擔的永續能源、工作和經濟成長、永續創新和永續城市。到了二〇一八年年底，PME的報告指出，該公司有八・八%的投資為SDGs做出了貢獻，並且計畫很快能達到一〇%。[22]

荷蘭公務員退休基金ABP表示，希望提撥到「高永續性投資」的資產增加一倍，達到五百八十億歐元。而首要之務包括減少碳足跡、投資教育、促進安全的工作條件、尊重人權和消除童工現象。[23] ABP還宣布，將出售持有菸草和核武器相關的全部資產（價值約三十三億歐元）。

近年來，荷蘭其他幾家大型基金，也在投資組合中剔除菸草公司。[24]

在其他國家，也有愈來愈多的退休基金，包括挪威的KLP、瑞典的AP基金、丹麥退休基金（Pension Danmark）和英國的國家就業儲蓄信託（National Employment Savings Trust，NEST），朝著同樣的方向發展。他們會把投資重點放在退休金儲戶特別關注的項目。比方說，英國的NEST便開始採用新的投資策略，改採「具有氣候意識」的投資，減少投資高碳排企業，轉而投資更多可再生能源公司。[25]該信託的投資長馬克．福西特（Mark Fawcett）指出，NEST最年輕的投資者只有十七歲，並提到「作為成員代表，且參與者都是負責的長期投資者，你我承擔不起忽視氣候變遷的風險，而我們也致力於成為解決方案的一分子。」

在英國，滙豐銀行（HSBC）的退休基金推出氣候意識基金，而該基金也成為年輕投資者的普遍選擇。[26]其中，約六〇%的人年齡在四十歲以下。因此。該公司相信，聚焦氣候議題能吸引投資人，促使他們更積極地做出投資選擇。[27]

正如該基金時任投資長馬克・湯普森（Mark Thompson）所言：「董事會的投資理念之一，是將ESG風險管理納入標準投資流程，以符合我們的受託責任。」

大多數退休基金的設計，會使得雇主最終對員工的投資選擇，有巨大的影響力。這是因為，雇主通常會挑選預計合作的金融機構，但這樣就大大限縮了員工的選擇範圍。除此之外，在美國等諸多國家，多達六〇%的退休金儲戶會自動加入儲蓄計畫。[28]對於這些投資者而言，雇主已為其資金流向，做了所有決定。然而，大多數雇主並沒有選擇對社會負責的投資標的，更不用說影響力投資了。

為了改正這種情況，法國提出了新模式，使退休金儲戶可以進行影響力投資。該模式就是「團結基金」（solidarity fund）的九〇／一〇法則，指將一〇%的資產配置於具有類似影響力投資的特殊「團結經濟組織」，剩餘的九〇%投資符合社會責任投資準則的傳統公司。而擁有五十名以上員工的公司，必須提供九〇／一〇基金讓員工選購。[29]截至二〇一八年，有超過一百萬人投資這些基金，投資總額接近一百億歐元。[30]

全世界很容易就能複製這套方法。該做法的吸引力在於，退休金繳款人能夠將九〇%的資產用於ESG投資，同時涉足影響力投資。為此，大社會資本和英國其他投資者正在提倡遵循法國「團結」模式的「社會退休基金」。[31]

儘管美國的上述投資風潮落後歐洲，但一些最大和極富影響力的美國退休基金正朝類似的方向發展，像是加州公務人員退休基金（California Public Employees' Retirement System，CalPERS）。該基金代表超過一百九十萬名成員，[32]管理三千八百億美元以上的資產。[33]加州公務人員退休基金是美國最大的退休基金之一，若它採取行動，市場會注意到。[34]該基金發揮大股東的權力和影響力，促使諸多公司改變行為，從事正確的事。

例如，加州公務人員退休基金是氣候行動100+（Climate Action 100+）的關鍵參與者。氣候行動100+由法人所發起，旨在促使化石燃料公司改變政策。[35]到目前為止，該組織獲得了幾家大公司的承諾，包括：荷蘭皇家殼牌（Royal Dutch Shell）會落實具體的減排目標；礦業公司嘉能可（Glencore）同意停止擴大煤炭業務；航運貨櫃公司快桅集團（Maersk）承諾，在二〇五〇年前實現碳中和。

加州公務人員退休基金的「姊妹基金」，也就是管理兩千八百三十億美元的加州教師退休基金（California State Teachers' Retirement System，CalSTRS），[36]也承擔了ESG的職責。在評估投資風險時，加州教師退休基金明確列出考量的二十一個ESG要素。[37]舉例來說，加州教師退休基金認為，如果公司涉及種族、性別、殘疾或其他歧視，抑或「不夠關注氣候變遷的影響」，即有損及長期投資報酬的風險。

如同加州公務人員退休基金，加州教師退休基金也運用自身影響力，敦促公司採取行動。比方說，加州教師退休基金與迦納避險基金（Jana Partners）發函給蘋果董事會，要求該公司採取更多措施，確保兒童能安全使用蘋果的產品。[38]投資者引用了一項研究，指出使用 iPhone 與課堂上無法專注有所關連，並牽涉更嚴重的健康風險，包括抑鬱症、甚至自殺。投資者寫道：「我們認為，蘋果顯然需要提供父母更多選擇和工具，協助家長確保年輕消費者以最佳的方式，使用貴公司的產品。」這封信引起全世界對手機成癮問題的關注。此外，由於兩大基金合計持有二十億美元的蘋果股票，這為蘋果帶來更大的行動壓力。

加州教師退休基金的政策要求它在出售股票前試著與公司接觸，但撤資始終是個選擇。正如加州教師退休基金董事會成員暨加州財務長江俊輝（John Chiang）所言，「參與是重要且關鍵的第一步，但對話必須促成實際行動，否則不排除撤資和其他可行的選項。」

當然，就如加州教師退休基金投資長艾爾曼（Christopher Ailman）所說，以這種方式推動變革「非常困難且緩不濟急」，因此加州教師退休基金正逐漸增加以影響力為導向的投資。二〇一七年，加州教師退休基金首度購買社會債券。該債券由世界銀行的分支機構所發行，投資項目為向小農採購產品的公司，以及那些提供實惠的健康和教育服務給低收入族群的公司。艾爾曼說：「使用此金融工具讓我們行善之餘，也有潛在的獲利機會，這是雙贏局面。」

但從許多方面來看，這領域的明星是日本政府年金投資基金（Government Pension Investment Fund，GPIF）。日本政府年金投資基金是全球最大的退休基金，管理一．五兆美元的資產。[39]該基金的投資長水野弘道（Hiro Mizuno）是二宮尊德（Ninomiya Sontoku）教義的忠實信徒。二宮尊德是十九世紀的日本哲學家，主張「沒有道德的經濟是犯罪，沒有經濟的道德則是痴人說夢。」[40]

在全球退休基金界中，水野弘道是影響力投資最偉大的擁護者之一。

二〇一七年，日本政府年金投資基金將提撥到環境和社會責任投資的資金，從持股比率的三％提高到一〇％，從一兆日圓增加到三．五兆日圓。此舉強而有力地推動了全球ESG投資。此外，若能引起規模較小的亞洲退休基金仿效，日本政府年金投資基金勢能成為未來ESG投資的潛在推手。[41]

秉持著ESG投資策略，日本政府年金投資基金選定了不同指數為投資標的，包括：富時日本指數（FTSE Blossom Japan Index），該指數參照聯合國的SDGs等國際ESG標準所編製；[42]摩根士丹利資本國際公司（MSCI）日本賦權女性指數（WIN）；以及MSCI日本ESG精選領導者指數（ESG Select Leaders Index），此指數甄選在行業中擁有最佳ESG概況的公司。[43]

雖然這些例子顯示，保守退休基金世界中的一些人，已經受到風險—報酬—影響力的新思想所吸引，但他們仍是少數。由於退休基金受託人該對委託的儲戶負責，作為儲戶的我們，有權直接影響投資組合該如何配置。而現在，該是彰顯權力的時候了。

資產管理公司的影響力實踐

在談論轉向風險—報酬—影響力投資模式時，退休基金是當今業內的兩大參與者之一，另一個則是資產管理公司。在知名資產管理公司中，影響力投資逐漸成為主流。比如，目前全球最大的私人財富管理機構、[44]擁有二·七兆美元資產[45]的瑞銀，便曾公開表示永續發展是其業務的「基石」。[46]瑞銀預計籌募五十億美元的影響力投資資金，以推進SDGs。另一方面，瑞銀也為睿思基金（Rise Fund）籌集三·二五億美元，這是由德太投資（TPG）所管理的影響力投資基金，由U2主唱、亦為傑出的活躍慈善家波諾（Bono）共同創立。而波諾也是強而有力的影響力投資倡導人，力主能運用影響力投資，實現社會進步。

瑞銀一直是SDGs的擁護者，並堅信私人資本對於達成永續目標至關重要。截至二〇一八年，瑞銀的ESG資產增加了三倍，從六百三十億美元增加到超過兩千億美元。[47]該公司的永續和影響力投資負責人麥可・鮑爾汀（Michael Baldinger）表示，「日益可見的是，在建立客戶關係上，ESG成為不可或缺的一部分。」

由於缺乏資訊會使散戶對影響力投資卻步，[48]瑞銀協助創建Align17平台，這是提供影響力投資機會的數位市場。[49]而瑞銀慈善基金會（UBS Optimus Foundation）也是女性教育DIB的投資者，此債券用來支持印度的教育（我們會在第五章討論）。在該債券成功後，瑞銀投資了另外兩個印度DIB，一個旨在降低拉加斯坦邦（Rajasthan）的嬰兒和孕婦死亡率，[50]另一個則用於改善教育。[51]

高盛是另一家從事影響力投資的知名資產管理公司。它是美國第一個

SIB的主要投資者，該債券旨在減少紐約市最主要的綜合監獄雷克島（Rikers Island）的更生人再犯問題。[52]二〇一六年，高盛收購了影響力投資諮詢公司印記資本（Imprint Capital）。[53]當時，他們擁有約五億美元的ESG資產。到了二〇一七年，此數字劇升至一百零六億美元。[54]印記資本的聯合創始人約翰．戈德斯坦（John Goldstein）表示，漸漸地，大型投資者希望將更多資產投入盡社會責任的投資項目中。他說，「與其問『為什麼不能用一小部分資產來做這件事？』他們則問道：『何不用整個投資組合來做這件事？』」同樣地，近期，英國資產管理公司施羅德，也收購了小額信貸專家藍色果園基金（Blue Orchard Finance）。

在專業的市場領域，人們對影響力投資的興趣也日益濃厚。比方說，知名私募股權公司正逐漸轉向影響力投資。有些則推出專門的影響力基金，包括迄今為止已籌集約四十億美元的德太投資、貝恩資本（Bain Capital）、KKR集團和合眾集團（Partners Group）。凱雷集團（Carlyle

Group）的全球影響力部門主管梅根・史達（Megan Starr）甚至更進一步宣布：「除非你投入影響力投資，不然很難產生高報酬率。這反映了經濟現實。」[55]這些公司的影響力基金得到了大型法人、高淨值資產人士及其家族辦公室的支持。根據二〇一七年的全球家族辦公室報告，四〇%的家族辦公室預計在隔年增加影響力投資配置。[56]

瑞銀全球家族辦公室負責人薩拉・法拉利（Sara Ferrari）表示，這種轉變反映了千禧世代對家庭事務的影響愈來愈大。「這是家族辦公室利用投資專長，將社會目標轉化為理財觀念的機會。」法拉利說：「如此一來，他們可以協助形塑家族的目標，促進團結。」隨著未來二十年內，全球億萬富翁會將三・四兆美元、即億萬富翁總財富的四〇%交給繼承人，此趨勢只會強勁不歇。

知名公司也在採取行動，讓一般投資者也能接觸到ＥＳＧ及永續投資，像美國銀行（Bank of America）、美林證券和摩根士丹利，都向小客戶提供各種影響力主題的ＥＳＧ基金。例如，摩根士丹利推出了影響力投資平台（Investing with Impact Platform），提供一百二十多種投資商品，這些產品呼應了各式價值觀，從「天主教價值」、性別平等，到氣候變遷意識投資都有。[57]該公司還推出了為理財顧問開發的線上教育課程，以幫助他們更廣泛地了解ＥＳＧ投資。[58]畢竟，數百萬的美國人依靠理財顧問來管理資金，教育理財顧問有助於使影響力投資大眾化。

在資產管理公司中規模最大、管理近七兆美元資產的貝萊德，深信影響力投資是大勢所趨。貝萊德執行長芬克表示，「永續投資將成為未來每個人的核心投資部位。」[59]他認為，永續投資（ＥＳＧ的別名）並不代表犧牲報酬。芬克說，「長期而言，我們會看到，永續投資至少會接近投資的核心。我個人相信它的比重還會更高。」

有愈來愈多新的專業影響力投資公司，協助闡釋影響力投資如何能夠取得市場報酬率。自二〇〇〇年代初期這些公司出現後，他們開疆闢土、為當今的大型資產管理公司鋪平道路，更用業績證明該領域的可信度。其中，一些領導者來自投資界，另一些則來自社會創業界。他們以身作則，示範如何用不同的投資方法，既創造財務報酬，同時產生影響力。

在這群專業的影響力投資公司中，著名的領導者是世代投資管理公司。這家永續投資管理公司由艾爾・高爾和大衛・布拉德於二〇〇四年創立，管理大約兩百億美元的資產。它推動「永續資本主義」願景，指「企業和投資者在該金融和經濟體系中，追求長期價值的最大化，並考慮到所有重要的ESG指標。」[60]

另一個專職的全球影響力投資者「特斯多里投資管理」（Triodos Investment Management），管理著三十五億歐元的資產，[61]它是環境友善的荷蘭特斯多里銀行（Triodos bank）的子公司。該銀行成立於一九八〇年，[62]其戰略包括鼓勵綠色和可再生能源、向微型創業家提供信貸以促進普惠金融，[63]以及落實綠色和永續農業。[64]

我共同創立的橋基金管理公司，[65]是影響力投資界的早期領導者之一。自二〇〇二年以來，橋基金管理公司以影響力投資為工具，應對各大社會挑戰，並籌集超過十億英鎊，[66]投資在英國、美國和以色列的中小企業、房地產和社會組織。[67]此外，橋基金管理公司也在資源不足的地區創造就業機會、促進更好的健康和教育成果，並尋找減少碳排放的創新方法，同時仍有亮眼的商業表現。[68]

還有其他影響力投資專家先驅。舉例來說，二〇〇七年，安迪·庫珀（Andy Kuper）創辦了跳蛙投資（LeapFrog Investments），投資於金融工具和醫療保健服務，以照顧亞洲和非洲資源不足的消費者，並建構了至今含括超過一·八億人的投資組合。[69]還有成立於二〇〇四年、加州的雙重底線合夥人公司（DBL Partners），其由南希·潘特（Nancy Pfund）領導。正如公司英文名稱縮寫ＤＢＬ（Double Bottom Line）所示，其擁有「雙重底線」投資策略。換言之，該公司除了評估投資對象的社會、環境和經濟的正向影響力，也會瞄準傲人的創投報酬，像他們就視特斯拉為投資對象之一。[70]

另一家西岸創投公司社會資本（Social Capital），由臉書前高階主管查馬斯・帕利阿皮蒂亞（Chamath Palihapitiya）於二〇一一年創立，投資於解決「世上最棘手問題」的創新科技企業。[71]紐約非營利創投公司聰明人（Acumen），由賈桂琳・諾佛葛瑞茲（Jacqueline Novogratz）於二〇〇一年成立，致力於消除全球貧困，解決亞洲、非洲和拉丁美洲的農業、教育、能源、醫療保健、住宅、水和衛生設施等問題。此外，根資本（Root Capital）也值得一提，它於一九九九年在麻州成立，投注心力在鄉村農民上。而創立於二〇〇一年的智資集團（Avishkaar），則把重心放在印度資源不足地區的發展上。[72]

這些專業的影響力公司是這場運動的領跑者。他們展示了影響力投資的邏輯、威力和成就，並激勵更大的公司拋開過時的風險－報酬模式，改採風險—報酬—影響力模式。

從公民到組織，推動影響力新常態

正如你我所見，投資界領袖也朝著影響力的方向邁進。舉例來說，資產管理公司推出的投資產品，能滿足客戶改善生活和地球的願望，還能有漂亮的財務報酬。下一章則會細究，在推出影響力加權會計帳目後，客戶做投資決策時便能有準確的數據為佐，因此能將投資導向有正面影響力的公司。

對主流投資者來說，風險—報酬—影響力思維迅速成為新常態。然而，要改變世界，首先必須調整經商之道，而我們能從投資的地點和方式下手。許多人攜手共推SDGs。世界各地的投資者也將這些永續目標納為己用，著手改變投資策略和消費的產品。隨著法人將影響力納入投資策略，他們推動了全球經濟的巨大變化，讓影響力經濟成為快速逼近的現實。

如同消費者價值觀改變，會促使投資者撤出資金、揮別帶來負面衝擊的公司，轉而投資有益社會的公司，股東的行為也會進一步影響公司，從而將影響力嵌入到公司的業務之中。這就是影響力革命之旅的下一站。

影響力思維

- 相較於ESG，影響力投資的目標不僅在避免負面衝擊，更要創造正面影響；其次，它要求衡量產生的影響。
- 由於投資金流在經濟體中極為重要，套用風險—報酬—影響力思維的投資，勢必會引領眾人走向影響力經濟之路。
- 「驗證」、「紀律」和「透明」三詞，對於推動更高的影響力投資標準至關重要。
- 迄今為止，在影響力投資界取得最大進展的投資族群是退休基金（三十八．三兆美元）和資產管理公司（八十五兆美元）。
- 要改變世界，首先必須調整經商之道，而我們能從投資的地點和方式下手。

Chapter

4

永續當道！打造影響力新商模

人生就是要打造出積極改變人民生活的事物。

這應該成為新的商業模式。

「一場革命正在形成，我們該如何應對？」達能執行長范易謀（Emmanuel Faber）在二〇一七年的柏林消費品論壇上，發出號召。[1] 這家法國食品跨國公司的領導人認為，雖然食品行業可以為些許成就感到自豪（例如，增加攝取營養的機會），但它也得對糖尿病和肥胖症的普及，以及星球資源的枯竭，負起很大的責任。[2]

「食物很寶貴。」范易謀說：「但我們稱它為商品，於是它成了消費品。我們讓市場力量驅動供需。此外，人類天生需要鹽分、脂肪、糖……這個系統已到達極限，但我們仍不斷挑戰上限。為什麼不停下來？答案是，停不住了，因為消費者渾然不覺。然而，消費者之所以沒有意識到現況，是因為食品系統讓人們與食物脫節。」[3]

除了抨擊食品業推銷不健康、商品化的產品，范易謀還主張要重新定義商業的目的。「市場經濟的最終目標只能是社會正義。」他說，「這攸關商業思維。」[4]

范易謀不僅是在責罵競爭對手。他承認，雖然達能的公司標語是「人類與地球的健康共生息」（One Planet. One Health），「但你可以問：『立意良好，但要怎麼證明？』而你的質疑是對的。」正如他也坦承：「我對自己一再做出許多的決定感到羞恥。我們遠遠稱不上完美。」[5]

在范易謀發表這番激昂的演講時，達能擁有四大業務線（分別是：基礎乳製品、植物性產品、生命早期營養品、水和醫學營養品），並在二〇一七年創造了兩百八十億美元的營收。此外，儘管規模不大，達能也已著手社會影響力計畫。[6]

兩年後、二〇一九年八月，頗具影響力的「商業圓桌會議」（Business Roundtable）組織發表一份聲明，重新定義了企業的使命。該組織由摩根大通執行長傑米・戴蒙（Jamie Dimon）擔任主席，成員為美國最大公司的一百八十一位執行長。[7]在這群人的領導下，這些公司雇用超過一千五百萬人，每年營收超過七兆美元。[8]商業圓桌會議代表了強勢保守的大企業，自一九九七年以來，便不斷強化「公司存在，主要是為了服務股東」的理念。換句話說，公司的目的就是為了賺錢。

然而，二〇一九年的聲明顛覆了此一原則，表明企業不僅要對股東負責，也對客戶、員工、供應商和社區有責。聲明中寫道：「每個利益相關者都不可或缺。為了企業、社區和國家未來的成功，我們承諾為所有人創造價值。」

在商業圓桌會議發布聲明的同一週，時任法國總統馬克宏在愛麗舍宮（Elysée Palace）召集三十四家公司參加會議，宣示推動「商業促進包容性成長平台」（Business for Inclusive Growth），我也受邀參加。與會的大老雇用了超過三百萬人，營收超過一兆美元。他們齊心協力，透過「在直接聘僱和供應鏈中促進人權」來消除不平等；[9]建設包容性工作場所；加強對公司價值鏈和商業生態系統的包容性，並承諾採取實際措施，支持經濟平等和社會包容。[10]

這些措施是在B團隊（B Team）努力「創造新的企業領導力典範」之後所產生。B團隊是由保羅．波曼（Paul Polman）和理查．布蘭森（Richard Branson）等著名商業領袖於二〇一二年創立。

然而，是什麼原因，讓執行長改變優先順序，不以利潤掛帥，而是把重心放在生意對員工、社區和環境造成的影響？簡而言之，他們發現消費者和員工的價值觀變了，而且投資者也注意到這一點。如今，他們開始意識到，如果企業想生存下去，就必須發揮正向影響。

正如我們所見，投資者把三十一兆美元資金，投入於追求發揮正面影響的公司。投資者一開口，企業會洗耳恭聽。事實上，幾乎全世界的公司董事會，都在積極討論影響力議題。

巨大的消費者行為轉變有目共睹。比方說，聯合利華（Unilever）最近的研究發現，三分之一的消費者，會購買他們認為對社會或環境有益品牌的產品。[11]還有許多調查也發現了同樣的趨勢：消費者愈來愈希望支持那些善待員工、並且對社會和地球產生正面影響的公司。

如今，消費者比從前還更容易做出與價值觀相符的購買行為，甚至有應用程式可以幫助他們。例如，二十七歲的程式設計師艾文．帕多（Ivan Pardo）於二〇一三年推出的撐買（Buycott）應用程式，讓你能「用錢包投票」。[12]你可以用這個軟體掃描任何產品條碼，藉此得知生產公司的資訊。比方說，公司是否善待員工？是否在動物身上測試產品？是否支持人權目標？諸如此類。[13]撐買允許用戶在一百九十二個國家「憑良心購物」，並集消費者之力，取得產品資訊。[14]

正如帕多所說：「你花的每一塊錢，都是對未來的投票，決定你想看到的世界樣態。我認為，如果你花錢購買支持與價值觀相悖的產品，你就是讓這些價值觀成為常態……我們希望實現的是，讓人們用購買決定，為世界創造改變。」[15]

最近，顧問公司埃森哲（Accenture）發布了以「追求品牌的意義風潮之興起」為題的報告，稱此現象為「徹底可見的時代」（era of radical visibility），並指出「在這種現實背景下，公司為了爭奪競爭優勢，受到前所未有的關注與議論。」[16]

這種「徹底可見性」在各式各樣的消費品中，掀起了一股變革浪潮。比方說，可口可樂降低飲料的含糖量；[17]雀巢降低產品中的鹽分和糖分含量；[18]瑪氏食品（Mars）推出更健康的零食，[19]同時收購健康點心棒公司善良（Kind）的少數股權；[20]Nike在服裝中使用再生材料；樂高則著手開發由植物性塑料製成的「永續積木」。

聯合利華為減少旗下產品對環境的負面影響，在執行長保羅・波曼的開明領導下，徹底改革了產品線。二〇一三年，該公司為Sure、多芬和凡士林等品牌推出「壓縮除臭劑」，[21]使產品使用的氣體減少了五〇%，包材減少二五%，每罐的碳足跡減少約二五%。此外，公司還邀請其他製造商在他們的噴霧罐中使用壓縮技術，並提供「操作指南」幫助他人採用該技術，甚至分享有哪些供應商，能幫助他們將產品推向市場等詳細資訊。[22]

除了減少自身的環境足跡，聯合利華還推出節水產品，幫助消費者落實環保。在水資源不足的開發中國家和新興國家，大約四〇%的家庭用水量用於手洗衣物，而洗去肥皂泡沫約占了用水量的七〇%。因此，聯合利華引進新的消泡分子——智能泡沫（SmartFoam），可以更快地分解肥皂泡沫，減少家戶的每日用水量。

其他跨國企業也在開發新的永續包裝材料。二〇一七年，雀巢水公司與達能和新創企業起源材料（Origin Materials）合作，成立了研究團隊「全自然瓶裝聯盟」（NaturALL Bottle Alliance）。該聯盟旨在開發由一〇〇%可再生材料製成的生物基（bio-based）寶特瓶。由於該技術已在測試階段得到驗證，能順利進入商業規模生產。[23]

與此同時，包括可口可樂在內的其他跨國公司，正努力以商業規模生產純植物材質的塑料。可口可樂自二〇〇九年以來，持續生產部分生物基的瓶子，像是推出完全可回收的植物環保瓶（PlantBottle），由三〇%的植物材料組成。[24]二〇〇九年至二〇一五年間，有超過三百五十億個環保瓶在近四十個國家銷售，減少三十一萬五千公噸以上的二氧化碳排放量。[25]在二〇二三年前，生物基塑料市場的規模預計能達到一百三十億美元。[26]

由於消費者對這類為社會帶來善果的產品愈來愈感興趣，將影響力納入企業大有裨益，也就不足為奇了。比方說，聯合利華的「永續生活」品牌，包括康寶、多芬和立頓，他們的增長速度比其他品牌快五〇%，並且貢獻公司六〇%以上的成長。[27]事實上，當企業用心以影響力思維來檢視產品線，非但不會選擇受限，反而能打開新機會的門，提高成長和獲利能力。

影響力思維的好處在於不會挑戰法律底線。而且，結合影響力的經營模式，可以降低長期暴露在新式監管和稅收的風險。例如，使用塑料可能會受罰。此外，影響力思維還能促使公司提高生產力、減少廢料以節省成本、提高供應鏈的效率，且更能吸引及留用專才。

因此，獲得B型企業認證的公司通常更能吸引優秀員工，也就不令人訝異了。[28]千禧世代占美國勞動力的一半，[29]根據二〇一六年柯恩通訊公司（Cone Communications）千禧世代員工敬業度研究，其中七五％的人表示，他們願意為一家負責任的公司減薪，而非千禧一代的比率則為五五％。[30]

但成為負責任的企業究竟意味著什麼？一家向多個利益相關者負責的公司，與一家以股東為中心、但偶爾會慈善捐款的公司，兩者有何區別？再者，以影響力為導向的企業，與傳統的編列企業社會責任（CSR）預算來行善的企業有何不同？

哈佛商學院策略教授、商業影響力的思想先驅麥可．波特對他所謂的「共享價值」[31]提出了清晰的願景：「『慈善事業和CSR的重點是『回饋』，或盡最大所能減少企業對社會的危害；共享價值則使公司領導者聚焦在解決社會問題，以極大化競爭價值。」而解決問題的方法可以是「挖掘新客戶和市場、成本撙節、人才留任等等，繁多不及備載。」[32]

一般來說，正視CSR的企業是為了證明其有盡企業的公民義務。因此，他們會放棄部分利潤，而不是徹底改變經營方式。另一方面，想要納入影響力的企業通常會先檢查產品和服務，或本身營運對環境的影響。最前瞻的企業更是將影響力思維嵌入到整個業務中，根據既定的基準，設定可衡量的影響力目標，使業務遠離會帶來負面衝擊的項目，把重心放在增加正面影響。

其中，有許多公司著手開發具有影響力的商業模式，尋求解決社會問題的契機。用波特教授的話來說：「公司存在的目的，不僅是追求利潤，更是必須重新定義為創造共享價值。這將推動全球經濟下一波的創新和產能成長。」[33]

最具創新精神的商業領袖證明了企業可以提升影響力，又增加利潤。

然而，由於從風險—報酬模式，轉變為風險—報酬—影響力模式，會影響企業的產品和營運等各大方面。因此，有些剛朝影響力方向發展的企業，選擇用不同的方式、從不一樣的領域來實踐。

讓我們更進一步看看其中一些公司。舉例來說，達能和IKEA致力於將影響力思維融入整家公司，而喬巴尼（Chobani）和Adidas則力求在特定業務面向發揮影響力。

全球最大的B型企業！食品巨擘的影響力使命

二〇〇五年，時任達能亞太區總裁的范易謀，安排了公司執行長法蘭克．里布（Franck Riboud）和諾貝爾獎得獎者穆罕默德．尤努斯（Muhammad Yunus）共進午餐，後者被譽為世界小額信貸之父。[34]用餐時，尤努斯邀請里布「到孟加拉建立他的第一家社會企業。」[35]里布同意了，於是在二〇〇六年，格萊珉銀行（Grameen）和達能食品宣布成立「格萊珉達能食品社會企業」。[36]

孟加拉是世界上營養不良率最高的國家之一。為了解決這個問題，該合資企業的目標是，為兒童提供價格合理且營養的杯裝優格。[37]此外，達能承諾會將所有利潤，再投資於其他理念相同的計畫之中。[38]

對大型跨國公司來說，該合資企業的規模很小。這家位在波格拉（Bogra）的優格工廠，只有典型達能工廠大小的一%，產能有限。[39]但這項專案卻以小搏大、實現超乎想像的創舉。工廠設計師是達能的長期主管，他說這工廠「比我在巴西、印尼、中國和印度設計的大型工廠更為先進。」[40]

產品本身也很創新。達能必須找出在優格中加入維生素A、鐵、鋅和碘，但又不會使優格變酸的方法。同時，讓貨物在運輸過程中保持冷藏，並以盡可能便宜的方式生產，使售價維持在十美分以下。[41]

在開業十年之後，該企業每天銷售十萬杯優格，向近五百名當地農民購買牛奶，並雇用兩百五十名婦女挨家挨戶銷售產品。[42]而且，每天喝一杯強化優格，能幫助波格拉的孩子長得更高。[43]

正如記者所報導的，這家「小型工廠」讓「公司在開發中國家的生產上，學到獲利豐厚的經驗。甚至能在工廠設計和產品開發等領域，提供西方世界經商技巧。」[44]

為了投資格萊珉達能等性質相似的社會企業，達能在達能社區實業（Danone Communities entity）下創建了共同基金，以支持社會創新。該基金與法國最大銀行之一的法國農業信貸銀行（Crédit Agricole）合作，以五千萬歐元（法人三千萬歐元和達能兩千萬歐元）啟動，重點投資於對社會負責的企業。截至二〇一八年，達能社區實業已支持十五國的十一家企業，[45]「以減輕營養不良，確保飲用水安全，並打破經營所在地的貧困循環。」[46]

二〇〇八年，該公司與保育組織合作，共同成立達能自然基金（Danone Fund for Nature），基金規模四千萬歐元。而基金的目的在於，「恢復惡化的生態系統、重建當地經濟，以及對抗氣候變遷。」[47]隨後，在二〇一五年，達能和瑪氏公司創建了家庭農業生計基金（Livelihoods Fund for Family Farming），幫助改善供應鏈中的小農生計。[48]這個一．二億歐元的常青基金，開放公司、影響力投資者和公共發展機構參與。[49]

范易謀認為，達能在社會影響上的建樹，使得公司在各方面的能力更為強大。比方說，達能更有實力留住人才，因為員工認同影響力使命；公司能推陳出新、而且一體適用；為公司注入活水；向質疑者吸取新觀點，最後改進整個流程。[50]

為了讓世界級企業發揮社會影響力，范易謀認為要「有非常廣闊的視野，而不是為了CSR、溝通、公關……甚至不是出於做人的良知，才這樣做。」[51]范易謀認為，世界級企業追求社會影響力的真正原因，在於公司領導者是否意識到他們與現實脫節。[52]正如他所說：「我們星球的資源並非取之不盡、用之不竭，而不被善待的員工和供應商，也難發揮最大的生產力。此外，經營企業卻不考慮消費者福祉，這種商業計畫也有嚴重缺陷。」

這種思路促使達能在重點業務上追求影響力。二〇一八年，達能的北美業務併入了英國和西班牙子公司，成為全球最大的B型企業。母公司現在的目標，則是成為第一家跨國B型企業。[53]

達能是《富比士》排名全球最大的兩百五十家公司之一，並在公共衛生和營養領域，被評為影響力第三。[54]由此可見，達能的「健康由口入」（health through food）[55]目標，發揮了舉足輕重的影響。二〇一七年，達能以一百二十五億美元收購有機食品生產商白波（WhiteWave），這是該公司十年來最大的一筆收購案，以示其對供給營養食品的重視。[56]此次收購使達能成為全球最大的有機食品生產商，[57]也讓它享有優勢，能夠在環境、道德和健康意識高漲下，滿足消費者對植物性產品、無乳製品等不斷增長的需求。[58]

范易謀的使命是提升達能對世界的影響，改善人類和生態的健康。二〇一六年，范易謀在公布新的達能包裝政策時說：「我們企圖讓所有送進市場的塑膠包材都能再生，實現包裝材料百分之百可回收再利用的目標。該計畫的一部分還包括，推出百分之百生物來源的二代塑料。」[59]

所有影響力變革，都需要設定清晰、可衡量的目標。比方說，達能就宣布公司的影響力目標會響應ＳＤＧｓ。[60]例如，達能承諾在二〇五〇年前達成碳中和，並設定了二〇三〇年的中期目標。而奠定目標的基礎，是達能在二〇〇八年至二〇一六年，營運、包裝和物流的排放量減少五〇%。[61]范易謀在接受採訪時表示，設定眼界長遠的宏大目標，對於公司的進步至關重要：「如果我們的目標是每年減少二%，而不是原本設定的五年減少三〇%，那麼在二〇〇八年時，我們的二氧化碳減排計畫絕對不會取得如此大的進展。」62

范易謀在二〇一四年成為執行長，並在當年的某次會議上，總結個人理念：「沒有顧慮社會面的經濟是野蠻主義；沒有考量經濟面的社會是烏托邦。」63正如范易謀在柏林消費品論壇的演講所述：「與華爾街試圖告訴我們的不同，沒有看不見的手。尤其牽涉到（行）善（作）惡之別時，沒有看不見的手。」64

另一家年輕得多的美國優格公司喬巴尼，則從人員聘僱著手，一點一滴打造正向影響力。

以人為本！市占率過半的優格之王

二〇一二年年底，一對難民姊妹妮莎和阿姆娜，從中東抵達美國，尋求新生活。65姊妹倆漫長而艱鉅的旅程始於潑酸攻擊，隨後兩人又面臨死亡威脅，包括被放在無窗的卡車車廂裡，沒有足夠的空氣呼吸。事實上，一名與她們擠在一起的孩童在運送途中死亡。[66]

走私者在旅途中將女孩與母親分開。某天晚上，她們被留在人生地不熟的烏克蘭小鎮上。姊妹倆獨自生活了四年，從此再也沒有見過親生母親。最終，在人道主義援助團體的幫助下，她們被送往愛達荷州的雙子瀑布（Twin Falls）。[67]

當時世界最大的希臘優格工廠剛好在雙子瀑布開張，兩人很快就在那裡找到工作。妮莎回憶說，有一天她在工作時，她請一個男人站開一點，這樣她才能把地板上的水擦乾。「他看著我說：『妳叫什麼名字？來自哪裡？』他問我時，我內心的情緒翻湧，眼淚開始留下。他攬著我問：『妳為什麼哭？』我心裡五味雜陳。我告訴他我來自哪裡、生活有多艱難，以及怎麼會在這裡工作。他說：『別擔心。妳在一個安全的地方。』」[68]

那名男子就是喬巴尼的執行長漢迪・烏魯卡亞（Hamdi Ulukaya），也是這家營收數十億美元優格公司的創辦人。[69]從公司創立以來，烏魯卡亞便堅持自己「不是商人」。而他在二〇一九年的TED演講中，把經營喬巴尼的核心原則稱為「反CEO遊戲手冊」（anti-CEO playbook）。這些原則包括當責、照顧社區、感恩、對消費者負責（而不是公司董事會）和責任。[70]

雇用難民是烏魯卡亞照顧社區的方式之一。截至二〇一九年，喬巴尼三〇%的員工是難民和移民。[71]烏魯卡亞寫道：「私部門有強大的誘因去尋找新的危機解決方案。光靠政府和善意，是無法解決危機的。」[72]為能動員其他雇主，他還成立了難民維權基金會「難民帳篷夥伴關係」（Tent Partnership for Refugees）。

烏魯卡亞本人也是移民，在土耳其庫爾德山脈（Kurd Mountains）的牧羊人村莊長大。一九九〇年代中期，年輕的烏魯卡亞決定搬到紐約學習商業。[73]二〇〇五年，他在曼哈頓以北約三百二十公里處的南埃德梅斯頓

（South Edmeston）小鎮上，買了家經營困難的優格工廠。該工廠位於紐約的「鏽帶」（rust belt），此區曾經一度繁榮，然而眾多的工廠自一九七〇年代後，便處於沉寂和衰敗的狀態。

烏魯卡亞的目標是將更高品質的優格帶到美國。在兩年內，該公司生產了所謂的「希臘優格」，這個產品在當時的美國優格市場占不到一％。[74]與競爭對手相比，它「更濃稠、更綿密、甜度較低，而且含有較多蛋白質。」[75]

不到五年，喬巴尼便成為美國最受歡迎的希臘優格品牌，營收達十億美元。[76]許多人認為喬巴尼是美國希臘優格市場成長的功臣。至二〇一八年，喬巴尼已占美國優格市場的半數分額。[77]

這間公司從一開始就具有社會意識，像是支付高於市場行情的工資、支持營運所在的社區。二〇一九年，烏魯卡亞在一份永續發展報告書中寫道：「也許我們不會一直把工作冠上『永續發展』之名，但這就是我們的工作本色。」報告指出，這間公司的目標是「更快實現全民健康」，並且列出實現永續的五大重點領域，分別是：社區、營運、人員、責任和供應鏈。[78]

在二〇一九年的報告中，喬巴尼還制定了九大「北極星目標」，這些「對公司未來四年來說，是具體、可追蹤，以及最重要的，是有意義的目標。」而且，這些目標就是要訂得雄心勃勃，以推動公司前進，並且「驅動創新」。[79]這九大目標分別是：使用百分之百可再生能源，為公司的製造營運供電、達成製造運轉的水中和、廢棄物零掩埋、公司的車隊燃料使用可再生能源、永續性採購、照顧乳業工人的福祉、使用永續包材、達成包容性和多元化，並透過商業、慈善事業和發展計畫，強化農村社區發展。[80]

喬巴尼做了很多鞏固農村社區的工作。二〇一九年，喬巴尼的紐約據點在五年內「協助該地區減少近五〇%的失業率」。[81]該公司在紐約州雇用了超過一萬名員工，並向員工支付了比該區收入中位數高四二%的薪資。[82]

此外，二〇一六年，喬巴尼啟動了股權共享計畫，當時該公司估值已達數十億美元。在談到分享利潤的原因時，烏魯卡亞說：「我創造了一個我從未想過會如此成功的東西。但如果沒有這些人，我無法想像會有喬巴尼。」[83]員工擁有公司一〇%的股份。[84]

鑒於喬巴尼的許多行動和營運措施都強調影響力，烏魯卡亞似乎有意讓公司成為使世界更美好的工具。他說，「對我來說，人生就是要打造出能積極改變人民生活的事物。這應該成為新的商業模式。如果喬巴尼能夠成為這方面的領頭羊，不僅是生產有益的產品，還能產生影響力、創造友善環境，這就是我最引以為傲的傳承。」[85]

喬巴尼的起手式是從就業面發揮影響力，Adidas 則是切入特定業務來產生影響力。舉後者的例子來說，它是從產品對於環境的影響著手。

為再生而製！運動界巨頭的永續時尚

我們過去生產的八十三億公噸塑料仍然存在，其中大約四分之三已成為塑膠廢棄物。[86]而在大量用過的塑膠中，只有不到一〇%被回收利用。[87]按照目前的趨勢，如果我們持續生產那些最後會流入海洋的塑膠，三十年後它們的重量將超過魚類。[88]

二〇一五年，銷售額接近兩百二十億歐元的全球第二大運動服飾製造商 Adidas，與環保組織「帕利為海洋」（Parley for the Oceans）合作。這次合作是為了將海灘和沿海地區收集到的塑膠廢料再利用，「將問題化為解決方案」，以及打造「高機能運動服」。而收集到的塑膠（主要是塑膠瓶），會被運往台灣的供應商，在當地將廢料製成紗線，用於 Adidas x Parley 系列產品。[89]基本上，每雙鞋皆使用了十一個塑膠瓶。[90]

在宣布合作的一年之後，Adidas 推出了「第一個使用海洋回收塑膠的機能產品」。二〇一八年，Adidas 已生產了六百萬雙 Adidas x Parley 系列鞋。儘管公司每年總計生產四．五億雙鞋，該項目僅占其中一小部分，[91] 但 Adidas 宣布：「在二〇二四年前，公司承諾全面使用百分之百再生聚酯纖維。」

當然，即使是由回收塑膠製成的產品，最終也會進入垃圾掩埋場和海洋。這就是為什麼 Adidas 挑戰自己，用可重複使用的材料製造產品。經過六年的努力，該公司於二〇一九年發布一款名為迴圈（Loop）、「為再生而製」的跑鞋。[92] 不同於其他運動鞋，該鞋款由熱塑性聚氨酯（TPU）製成，並以熱壓成型技術組合，不需使用黏膠。鞋子的每個部分，包括鞋帶和鞋底，都可以放入研磨機中轉化為顆粒，成為另一雙鞋的原料。[93] 前兩百雙鞋已送出進行貝他測試，預計很快就會開始銷售。[94]

儘管一雙迴圈鞋的磨碎顆粒，還不足以製成另一雙新鞋，但 Adidas

希望不久後能達成「完全循環」，即一比一的再製。[95]目前，第一代回收的迴圈運動鞋能構成新鞋的一〇%。

無論是 Adidas x Parley 系列或迴圈鞋，都是在公司「未來鞋」（Futurecraft）企劃下，所開發的鞋款。「Adidas 公開坦承……這種實驗性的最小可行產品（minimum viable product），一般產量有限。」[96]但該公司卻能迅速擴大這些產品的規模。Adidas 的全球創意總監保羅．高迪奧（Paul Gaudio）估計，他們可以「在三到五年內，銷售數千萬雙迴圈鞋。」[97]

不過，迴圈鞋的「循環」過程仍在規劃中。有個構想是，在銷售時，隨鞋附上包裝盒和退貨標籤，這樣消費者要淘汰鞋子時，只需將它們寄回，就能換到一雙新鞋。或是，採取訂閱制。[98]執行董事會成員艾瑞克．里德克（Eric Liedtke）表示：「我們的夢想是，你可以一而再，再而三地穿同雙鞋。」[99]

人們爭論像 Adidas 這樣專注於單一影響力面向的公司，是否可以產生重大的正面影響。誠然，公司可以在某一領域發揮為人稱道的影響力，卻在其他方面造成危害。因此，公司的基本目標應該是，所有活動都產生盡可能大的「淨正面效益」，像ＩＫＥＡ就試圖做到這點。

全球家具龍頭的永續生活提案

截至二〇一八年，ＩＫＥＡ在全球五十多個市場擁有四百二十二家門市，營收近三百九十億歐元。[100] ＩＫＥＡ也消耗全世界一%的木材。[101] 這家零售商的高層主管，對公司的全球定位以及能夠產生的影響力了然於心。時任ＩＫＥＡ集團執行長托比約・盧夫（Torbjörn Lööf）說道，「憑著公司規模和版圖，我們有機會激勵並且幫助超過十億人，在地球的極限下過上更好的生活。」[102]擁有並經營多個ＩＫＥＡ特許經營店的英格瓦集團（Ingka Group）執行長傑斯珀・布羅丁（Jesper Brodin）表示，該公司致力於永續發展的三個關鍵原因是：首先是因為客戶要求；其次，保護稀有資源人人有責，更攸關生存；最後「因為我們相信這是正確的事。」[103]

二〇一二年，IKEA啟動名為「人類與地球的積極行動」（People and Planet Positive）的永續發展戰略。二〇一八年，公司更新了該戰略以響應SDGs，並把重心放在三個領域，分別是：「健康與永續生活」、「循環經濟和氣候正效益」，以及創建「公正且平等」的社會，而且就從公司價值鏈著手。[104]目標包括：二〇二〇年前，逐步淘汰原始石化塑料產品；二〇三〇年前，全面使用再生或可回收材料。公司在實現這些目標上大有進展。二〇一八年，IKEA六〇％的產品由再生材料製成，一〇〇％由回收材料做成，所有棉花和八五％的木材均來自永續來源。[105]

IKEA估計，在公司的溫室氣體排放總量中，前兩大宗分別是與原料相關的營運活動（三八％）和客戶的產品使用（二三％）。[106]雖然IKEA以平價聞名，但也給人「產品不耐用」的印象，所以很快就會變垃圾丟掉。[107]僅在美國，每年估計就有九百七十萬噸的家具被扔到垃圾掩埋場，[108]相當於七百多萬輛小型汽車的重量。[109]

為了解決不永續的情況，ＩＫＥＡ承諾在二〇三〇年前，成為百分之百的「循環」企業。這意味著「所有產品從一開始就以可改變用途、可修復、可再利用、可再售和可回收」來設計，ＩＫＥＡ永續發展負責人莉娜・普里普—科瓦奇（Lena Pripp-Kovac）說。[110]

這也意味著改變消費者的行為。二〇一九年，ＩＫＥＡ氣候部門主管安德里亞斯・阿倫斯（Andreas Ahrens）提到，「我們需要解決『不永續消費模式』這個大家刻意迴避的問題。」[111]這就是為什麼ＩＫＥＡ「徹底背離自身傳統的商業模式」，[112]二〇一九年在瑞士試行家具租賃，並表示這將拓展「可規模化的訂閱服務」。當租約期滿，消費者可能會租用其他家具，而ＩＫＥＡ能夠翻新歸還的商品，「延長產品的生命週期」。[113]

上述種種做法，都讓ＩＫＥＡ朝著碳足跡減少一五％的目標更進一步。這個目標比聽起來更雄心勃勃，因為考量到預期的成長，它需要在二〇三〇年前，將每種產品的碳足跡減少七〇%。IKEA還計畫引入備用零件，使消費者能夠延長已停產商品的使用壽命。而公司也在某些國家啟用床墊等大型物件的回收計畫。[114]

IKEA幫助顧客過上永續生活的另一種方式，是設計相關產品。例如，更容易分成可回收部件的沙發、[115]有助於淨化空氣的窗簾，[116]以及低耗能和節水家電。[117]這家公司現在也只銷售LED燈泡（使用壽命是白熾燈泡的十五倍，且能節省八五%用電）。今天走進IKEA的陳列室，會看到許多由回收材料製成的產品，像是：由回收保特瓶製成的籃子、由亞麻碎料製成的地毯，以及由家具防塵膜製成的噴霧瓶。[118]

如今，公司的物流營運也受到影響力思維的影響。IKEA的目標，是從阿姆斯特丹、洛杉磯、紐約、巴黎和上海開始，「使送貨車隊完全脫碳」。正如傑斯珀．布羅丁所說，「氣候變遷不只是威脅，更是現實。」

專為大眾消費（mass consumption）設計產品的零售商「將無以為繼。除非它擁有與地球資源契合的商業模式。而這種雄心壯志與我們的商業抱負並不衝突。」[119]

上述觀點正成為主流。例如，負責金融系統穩定的前英格蘭銀行總裁馬克・卡尼（Mark Carney）便呼籲企業將氣候風險納入決策，並揭露公司對環境造成的影響。卡尼於二〇一五年成立「氣候相關財務資訊揭露工作小組」（Task Force Climate-Related Financial Disclosures，TCFD），如今已吸引超過一千個簽署方，包括化學、能源和運輸公司，而這些公司正是主要的碳排放來源。

很明顯地，像IKEA這樣的公司，希望為世界帶來正面影響。然而，該如何量化和比較這種影響力？如何判斷IKEA、Adidas、達能或喬巴尼，對社會和環境的影響是利大於弊？

影響力量化：改善福祉的奪冠之賽

管理的基礎原則是，不能衡量的事物，就無法管理。因此，要達成真正的變革，準確的數據和可靠的測量至關重要，也才能據此建立起透明度、真實性和信任。這就是為何標準化的影響力測量方法如此重要。唯有算出公司的淨影響力，才可能讓影響力與利潤平起平坐。或者，換言之，才能算出其對社會和環境的影響力。

儘管現有的影響力指標和影響力評估工作尚未自成系統，很難衡量和比較各公司創造的實際淨影響，但也大有進展。比方說，若要衡量和傳達企業的影響力，B型實驗室堪稱是最有效的架構。B型實驗室由傑・吉柏特（Jay Coen Gilbert）、巴特・胡拉翰（Bart Houlahan）和安德魯・卡索依（Andrew Kassoy）於二〇〇六年創立，是一家致力於「使商業成為向善力量」的非營利組織。[120]它創建了全球影響力投資評等系統（Global Impact Investing Rating System，GIIRS），能衡量所有利益相關者的影響力，包括工人、消費者和社區。[121]

其他成果包括：二〇〇九年成立的全球影響力投資聯盟（Global Impact Investing Network，GIIN），該機構提供標準化的績效指標索引，給獲得影響力投資資本的企業。而成立於二〇一一年的永續會計準則委員會（Sustainability Accounting Standards Board，SASB），則以滿足投資者的需求為旨。該委員會制定了SASB準則，以衡量企業在永續議題上的影響力。二〇〇〇年，全球永續性報告協會（Global Reporting Initiative，GRI）的永續發展報告準則首度亮相，關注重點為永續性、透明度和企業資訊披露，而非影響力的度量。其他衡量影響力的措施，包括世界基準聯盟（World Benchmarking Alliance）和世界經濟論壇國際商業理事會（International Business Council）所推行的方案，目的都在於評估各公司在達成聯合國ＳＤＧs上的績效表現。

然而，這些推廣努力只是邁向標準化、全面影響力衡量系統的事前步驟。如果投資者和他們投資的公司，要將影響力好好納入決策考量，他們會需要有個帳目、最好是像財務帳目這樣的常見規範，呈現出公司透過產品、聘雇和營運產生的利潤和影響力。

這就是哈佛商學院培植的影響力加權會計帳目計畫（IWAI）如此重要的原因。該計畫由ＧＳＧ和影響力管理項目在二〇一九年共同發起，並以研究為導向。在喬治．塞拉芬教授的領導下，ＩＷＡＩ會建構一個財務帳目框架，整合公司創造的影響力。此一開創性計畫，將學者、從業人員、公司和投資者聚集在一起，並在現有的影響力衡量基礎上，繼續精進前行。

為了能夠建構出影響力加權會計帳目，有必要賦予企業創造的社會和環境影響力貨幣價值。而把影響力貨幣化，也將投資組合理論推向新階段，使投資者能夠像善用風險—報酬模式一樣，強化風險—報酬—影響力模式。

但是影響力加權會計帳目如何運作？做法是，將影響力係數應用於公司損益表的各種項目上，包含銷貨收入、雇傭成本、銷貨成本，以得出影響力加權利潤。該數值反映了公司對環境、對直接聘僱的員工、對供應鏈的員工，以及對消費者的影響。同理，公司資產負債表上的資產也會以此加權計算。

這些影響力係數由影響力會計委員會設置，類似於財務會計使用的數據。而該委員會制定的「一般公認影響力原則」（generally accepted impact principles，GAIP），也有望與財務會計中的「一般公認會計原則」（GAAP）並駕齊驅。事實上，一般公認影響力原則的推出，讓公司能遵循特定形式，發布影響力加權會計帳目，就像公布財務帳目一樣。同時，也讓我們能以熟悉的方式評估影響力和利潤，進而做出決策。

透過將公司對於人類和環境的影響力貨幣化，ＩＷＡＩ使嚴謹的公司評比成為可能。而這種比較會影響消費者、投資者和員工，並終將衝擊公司的價值。此外，為了尋求影響力，投資人的資金也開始在系統中流動，而最終結果會很可觀，即資本流發生改革性轉變。

讓我們來看看企業對環境的影響。目前，ＩＷＡＩ的樣本中納入三千五百家以上的公司。而根據公開數據來計算這些公司的環境影響貨幣估值，會得出很有趣的見解。舉例來說，可口可樂和百事可樂是歷代宿敵，但他們呈現出截然不同的環境足跡（指公司營運對環境的影響）。

二〇一八年，百事可樂的銷售額（六百四十七億美元）是可口可樂（三百一十八億美元）的兩倍，但百事可樂每年的環境成本估計為十八億美元，遠低於可口可樂的三十七億美元。[122]兩家的環境效率之所以差別甚大，主要歸因於用水差異：二〇一八年，可口可樂的取水量是百事可樂的三倍半，然而排水量卻少得多，導致總用水量約為百事可樂的五倍。儘管二〇一八年，可口可樂的營收為百事可樂一半，但光是用水的環境成本就達二十億美元。反觀百事可樂用水的環境成本約為四・零八億美元。[123]此案例顯示了數據如何揭示公司的真實表現。

另一個有趣的比較，是埃克森美孚（Exxon Mobil）、荷蘭皇家殼牌和英國石油（British Petroleum）間，經營的環境成本差異（不考慮各公司產品的環境成本）。雖然埃克森美孚二〇一八年的營收為兩千七百九十億美元，但其環境成本估計約為三百八十億美元。相比之下，殼牌同年的營收為三千三百億美元，環境成本為兩百二十億美元。英國石油的年營收為兩千兩百五十億美元，環境成本為一百三十億美元。因此，三家公司的環境強度（environmental intensity，指環境成本除以營收）分別為一三・六％、六・七％和五・八％。顯然，埃克森美孚的環保效率是三家對手中最低的。這主要肇因於，埃克森美孚巨大的溫室氣體排放成本，大約為四百億美元，比殼牌的排放量高約一倍半，比英國石油的排放量高出近兩倍半。此外，埃克森美孚的二氧化硫排放量和取水量也居三家公司之冠。124

從汽車公司營運產生的溫室氣體排放對環境的影響來看，福特造成的環境損害達十五億美元，占其銷貨收入的一%。與其他類似規模的汽車公司相比，通用汽車（General Motors）造成的環境損害達二十億美元，占其營收的一・四%，而戴姆勒公司（Daimler AG），俗稱賓士，產生的環境危害達十億美元，占其營收的〇・五%。

換句話說，二〇一七年，福特每一百美元的銷售額中，營運所排放的溫室氣體會造成一美元的環境損害，通用汽車為一・四美元，而戴姆勒公司則造成〇・五美元的環境損害。125

以這種方式衡量營運的影響力，可以更深入了解每家公司的表現。由於迄今為止，眾人仍未能齊心協力，將公司的影響力貨幣化，投資者一直不了解公司的實際環境表現。然而，影響力加權會計帳目讓每個人都能看見衝擊環境的成本，並能比較不同的公司和產業，做出準確的分析。而這對公司減少環境破壞、達成環境保護目標至關重要。

除了運作方式，公司的產品也會對環境產生影響。且讓我們繼續以汽車行業與福特汽車作為研究案例，並用公開的福特汽車排放量數據進行計算。舉例來說，用福特汽車排氣管的排放量來看，福特一年銷售近六百萬輛小客車（轎車和輕型小貨車），假設這些車輛在美國道路上行駛一年，每年平均的行駛里程約兩萬公里，加上碳的社會成本約為每噸三百美元，一年售出的福特小客車所排放的環境成本，估計為每年八十八億美元。[126]

公司產品的影響力可以在許多方面貨幣化，例如品質、無障礙性和可回收性。而構成品質的其中一個要素是產品效能。對於食品公司如通用磨坊（General Mills）來說，產品效能反映在營養價值上，像是消費者認為那些食物有多健康。從公開數據來看，該公司估計從售出含有全穀成分的商品中創造了六・九八億美元的價值，並因產品的反式脂肪含量，造成六・三九億美元的成本，共計創造五千九百萬美元的淨正面影響力。這些數值是使用三個要素計算而成的，分別是：公司產品的全穀和反式脂肪含量、[127]銷售數據[128]和建議的個人年度消費水準。[129]

假設食用全穀食物，能降低一七%的罹患冠狀動脈心臟病（簡稱冠心病）風險，食用反式脂肪，則會增加二三%的罹患冠心病風險。而美國的冠心病盛行率為五・二三%。[130]那麼，便可用與冠心病相關的醫療和生產力成本，來分析通用磨坊產品的營養成分所創造的淨價值。同樣地，針對能增加或減少罹病風險的產品成分，如鹽、添加糖或纖維，我們也能估計其價值或成本。

顯然，能跟上主要產業趨勢，並做出根本性改變、以發揮產品影響力的公司，最有可能得到更多消費者和投資者的青睞。影響力加權會計帳目使競爭對手公司參與一場「奪冠之賽」，而這場競賽既能改善眾人福祉，又減少對環境的破壞。

一般認為，目前還沒有一套可靠的影響力衡量方式，遑論發揮真正的作用。然而，用經濟學家凱因斯的話來說，「大致正確總比精確錯誤來得好。」在衡量影響力上，不需要一〇〇%的精確。正如思量風險也不需要一〇〇%的準確性，只要夠可靠即可。用喬治・塞拉芬教授的話來說，影響力測量「應該發生、能夠發生並且已經發生。」前述案例的證據已清楚表明了這一點。

這也就是為什麼，僅僅衡量公司創造的某些影響並不足夠。為了讓投資者和其他人做出明智的選擇，需要衡量公司創造的所有關鍵影響，賦予其價值，並讓公司的財務帳目反映此價值。一旦我們開始這樣做，隨著時間的推移，就能完善影響力會計系統，就像時人打造出財務會計系統一樣。儘管制定和實施一般公認影響力原則需要時間，但我們必須記住，現在所使用的財務帳目，也耗時近一世紀才完善。而每一次旅程，都是從第一步開始。

有些人可能會指出，在訂定基本的會計處理原則上，影響力加權會計帳目涉及主觀判斷。確實如此，但重要的是要認識到同樣的情況，也發生在財務帳目上。以最近美國一般公認會計原則，改變租賃會計處理準則為例，這個根據判斷而做出的決定，對公司的資產負債表產生了巨大的影響。但我們不該害怕做出判斷。

若投資者能查看影響力加權會計帳目，他們就能同時比較公司的財務和影響力表現。金融分析師能查出公司的影響力、成長和利潤之間的關係，而資金也會流向那些把風險—報酬—影響力思維發揮得淋漓盡致的企業，最終推動公司行為的重大改變。

即使是不那麼全面的ESG披露報告，也會影響公司的價值。最近，美國銀行的美股和量化策略主管莎薇塔·蘇博納瑪尼亞（Savita Subramanian），在接受《金融時報》採訪時表示，ESG數據是評估企業盈餘風險的最佳指標，更提及「傳統的金融指標，如盈餘品質、槓桿、獲利能力，都比不上ESG。ESG更能指出未來盈餘風險或是盈餘波動。」同一篇文章接著寫道，投資經理人開始意識到，「在同一股市板塊，基本特徵相似的公司，可能會因ＥＳＧ品質不同，得到天差地別的估值。」[131]

待投資者能依循ＩＷＡＩ或類似的舉措，以可靠的方式量化影響力時，更能大幅改變業界生態。舉凡資本、人才和消費者，都會深受公司的影響力所吸引。

若企業交不出亮眼的財務業績，影響力也不可觀，就會被新的競爭對手超越。那些公司會像當年的百視達或柯達一樣，面臨倒閉的風險，因為他們腳步太慢、無法適應不斷變化的世界。而前述的新會計方法，則能推動嶄新、有影響力的解決方案，來應對我們最大的社會和環境挑戰。

當公司有產生影響力的誘因，把影響力加權利潤最大化，影響力加權會計帳目就有助於減少經濟不平等，並能保護環境。公司會有動力去開發更具價值的產品、為資源不足的社區提供服務、減少對環境的衝擊，並為環境帶來正向的影響。同時，他們也會更有動機來改善就業條件、鼓勵員工進修、支付適當的工資、雇用不受勞動市場青睞的族群，並落實性別和種族多樣性。總而言之，使用影響力加權會計帳目，能建立起新的商業行為模式。

想像一下企業積極改善本身的環境足跡，像是：減少排放、限制用水量、推出更健康的食品，以及開發更有效與實惠的藥物。各種可能性永無窮盡。

要做到這樣的改變，並不是痴人說夢。事實上，它殷鑑不遠。一九二九年華爾街崩盤後，人們立即問道，每家公司都各選各的會計師事務所和會計原則、沒有查核人員時，投資者要怎麼決定投資哪些公司？與此同時，一些商界領袖則認為，引進美國證券交易委員會（SEC）、一般公認會計原則和查核人員，會終結美國的資本主義。回顧過往，我們納悶前幾代的人怎能在沒有可靠的公司獲利資訊下，進行長期投資。同理可證，有朝一日，影響力加權會計帳目也會是後代投資不可或缺的一環。

直到公司確信影響力加權會計帳目勢在必行，他們就會開始收集相關數據，以計算和管理公司的影響力。儘管從現有制度，過渡到能產生正面影響的系統會有代價，然而，我想說的是，原則可能有成本，但最後總是高貴不貴。畢竟，缺乏影響力品格的企業，面臨著失去客戶、投資者和優秀員工的風險。套句巴菲特的話來說：「只有潮水退去後，你才知道誰在裸泳。」[132] 一旦潮水退去，且影響力加權會計帳目廣為使用，每個人都會對竟有這麼多公司光憑利潤就做出決策，感到詫異。

影響力思維

- 影響力思維的好處在於不會挑戰法律底線。而且，結合影響力的經營模式，可以降低長期暴露在新式監管和稅收的風險。
- 影響力思維還能促使公司提高生產力、減少廢料以節省成本、提高供應鏈的效率，且更能吸引及留用專才。
- 影響力加權會計帳目讓每個人都能看見衝擊環境的成本，並能比較不同的公司和產業，做出準確的分析。
- 公司產品的影響力可以在許多方面貨幣化，例如品質、無障礙性和可回收性。
- 缺乏影響力品格的企業，面臨著失去客戶、投資者和優秀員工的風險。

Chapter

5

影響力慈善事業的黎明

慈善事業是影響力運動的重要功臣，
能迎來新曙光，解決社會和環境問題。

誠如我們看到的，無論是企業欲發揮正向影響，還是慈善事業要充分發揮作用，衡量影響力都是個中關鍵。原因如下。

在過去二十五年間，美國約有兩萬五千家企業的營收達五千萬美元，但只有一百四十四家非營利組織做到這一點。[1]為什麼？在美國註冊的一百五十萬個非營利組織中，只有五%的年收入超過一千萬美元。為什麼這麼多做好事的社福組織規模甚小？試想一個五千萬或五億美元的社福組織，能對需要援手的社區產生的影響。為什麼很少有非營利組織能夠達到這種規模？主要原因是我們的公益模式，而這正是影響力思維要著手改變之處。

為了理解影響力帶來的變化，我們必須先研究，大多數非營利組織如何及為何在公益體系的無心插柳下，規模一直很小。事實上，缺乏通用的影響力衡量系統，影響了傳統的捐款方式。一直以來，做慈善不外乎是捐贈物資和款項，直到最近才有改變。大多數基金會認為，透過公益團體能妥善幫助弱勢族群，亦即基金會在不嚴格衡量成效的情況下，捐款資助公益活動。

從上個世紀以來，由富人和豪門所建立的慈善基金會已有長足的發展，自成體系。但在這個過程中，他們養成了一些無益的習慣。例如，他們仰賴質化的報告來得知贈款取得的成效，因此許多基金會試圖廣施善款，也就是在相對短的時間內提供小額贈款。比方說，他們會向某些公益組織捐款兩到三年之後，再資助其他組織。畢竟，如果你不知道你的捐款做了哪些善事，就很難有信心長期資助任一組織。再者，在缺乏嚴謹的影響力衡量制度下，大多數基金會要求受贈單位盡量減少管銷成本，以確保有盡可能多的資金流向有需要的人。

最終結果就是，他們資助的絕大多數非營利社福組織，規模仍然很小且資金短缺。根據美國非營利財務基金（Nonprofit Finance Fund，由安東尼・巴格勒凡〔Antony Bugg-Levine〕擔任執行長）近期所做的「非營利部門調查」，在受訪的五千四百多個非營利組織中，超過四分之三的組織發現服務需求增加，但超過半數無法滿足此需求，而前兩年的調查結果也是如此。[2]如果企業看到需求增加，他們會銷售更多的產品，賺更多的錢，再投資並且保持成長。但是，非營利組織看到需求增加時，他們不得不將苦苦掙扎的民眾拒之門外。而且他們通常無法獲得成長所需要的資金，因為他們的資助者已經轉向下一個受贈單位。

當一個人只能竭力維持營運，他無法承擔風險。大多數非營利組織無法嘗試新的解決社會問題方法，因為摸索試驗勢必意味著不時的失敗，而這會嚇跑捐款者。因此，大多數社福團體只得糊口度日，無法長遠思考組織的成長性和績效。而降低管銷成本的壓力，也讓他們付不出有競爭力的薪水來吸引頂尖人才。除非是有犧牲小我精神的人，才願意以較低的薪資工作。

然而，無法衡量影響力是所有問題的根源。[3]許多在社福單位或目標導向型企業工作的人認為，衡量工作過於繁瑣且昂貴，對於資金短缺的小型組織而言並不切實際。有些人認為，衡量影響力無助於打破現狀，而且許多人對「慈善家衡量非營利組織的表現，並投資於表現最佳者」的想法感到不安。然而，他們沒有看到的是，當前的慈善模式導致了極度的效率不彰，並且經常促使組織聚焦在取得捐款、而不是發揮影響力。

若不衡量影響力，從事慈善事業者就無法確保社福組織能獲得大筆資金，解決眼前的巨大挑戰。藉由衡量影響力，慈善事業經營者可以更有效地分配善款，吸引私部門投資，並激勵社福組織進行創新及擴大規模。另一方面，影響力投資者也希望能看到可衡量的財務和影響力報酬。他們希望自己投資的組織能承擔風險，創造非比尋常的績效和成長。如今，受惠於令人振奮的突破，基金會與投資者、政府和非營利組織間能攜手合作，幫助慈善體系採用商業界的最佳法寶，並物盡其用、盡可能發揮其對社會和環境的影響。

顛覆傳統慈善觀念的投資工具

影響力慈善事業有多種形式，而這為傳統的捐贈模式另闢蹊徑。在這些新方法中，最具拋磚引玉之效的，是SIB。二〇一〇年，第一支SIB亮相，徹底顛覆了傳統的慈善觀念。而SIB也證明，將專案資金與其對社會的影響力做結合，是可行的。這麼做也能吸引私人資本，擴大公益組織的努力成果。此外，SIB讓政府和慈善家能在看見成果後才付費，而不是先將資金置於風險之中。

在第一章探討SIB時有提到，該債券串連起三大關鍵參與者，分別是：投資者、成果付款者和服務提供者。在這種情況下，慈善家可以選擇擔任投資者，或成果付款者。如果擔任前期出資的投資者，若計畫達到目標，他們就能收回資本並從中獲利。在最壞的情況下，即社會效益無法實現，慈善家就會失去投資資金（但從本質來說，這種投資損失可以看成是捐贈）。如果他們選擇成為成果付款者，僅在達成目標時才付款，便是將無法履約的風險從自己轉移到投資者身上

ＳＩＢ有效補足了傳統捐贈模式的不足，原因有二。首先，如果慈善家擔任投資者，ＳＩＢ會返還投資方資金，進而為未來的捐款提供更多資金。其次，若他們是成果付款者，ＳＩＢ讓這筆慈善資金與目標結果緊密相依，尤其目標實現時更是如此。這使得社福組織能聚精會神、活力十足地實現期望的成果。

下一章會提到，目前政府是ＳＩＢ模式中，最常付款給投資者的那一方，這很合理。因為當ＳＩＢ計畫有成，政府能因撙節開支或有額外收入而受益。然而，在擔任成果付款者，並推動政府成為成果付款者上，慈善家也扮演舉足輕重的角色。

慈善家之所以看準ＳＩＢ的影響潛力、愈來愈樂觀其成，有幾個原

因。最重要的是，SIB大幅改善了提供服務的方式。讓我們重溫第一章，談談最先出現的彼得伯勒SIB。

眼前的問題是，受刑人出獄後的再犯率居高不下。而彼得伯勒SIB募集了五百萬英鎊，交由六個非營利組織、統稱為「一服務」（One Service）做執行承包。過去，每個組織針對不同的更生面向提供服務，但沒有一個專責降低囚犯回籠的問題。

有史以來第一次，他們攜手合作釐清問題，並解決根本原因。受刑人出獄後遇到的問題很明顯：四〇%的人不知露宿何處，二五%有成癮問題，三九%的人吃穿用度不夠，捱不到領取第一筆失業救濟金或找到新工作。[4]對於許多人來說，他們出獄時，口袋裡僅有四十六英鎊的法定「出獄補助金」。[5]難怪毒販在監獄門口等著提供更生人落腳處、鼓吹他們忘記入獄蹲苦窯的生活，直接將他們帶回犯罪人生。

藉由共同合作，這些社福組織能多管齊下，把重心放在讓更生人回到正常生活上。這種方法側重於組織的集體影響，而不是個別活動。結果也大有斬獲：在彼得伯勒SIB發行的第二年年底，再犯率降低了一一%。相較之下，全英國的再犯率增加了一〇%。[6]

十億美元的潛力！SIB遍地開花

彼得伯勒SIB的成功是項決定性的成就，引發大眾對慈善事業未來走向的熱議。如今，SIB和DIB的市場已吸引超過四億美元的投資，[7]另有十億美元以上的資金，承諾為兒童、青年、就業、社會福利、刑事司法、教育和醫療保健等成功的社會成果付款。從結果來看，SIB確實可以達成更好的執行成果並拓展社會服務，也證實了許多人長期相信的事情：預防比治療更便宜、更有效。事實證明，透過SIB的預防性介入，成功解決了許多社會挑戰，包含：囚犯回籠、遊民、青少年失業與糖尿病等。

全世界都在推行ＳＩＢ和ＤＩＢ。而英國仍然是ＳＩＢ的主要創新中心，推出六十七個ＳＩＢ，占全球總數的近四〇％。[8]美國也是重要的大本營，推行二十五個積極運作的ＳＩＢ。荷蘭有十一個，其次是澳洲，有十個；法國有六個；加拿大有五個；日本、以色列、印度、德國和比利時各有三個；芬蘭、紐西蘭和韓國各有兩個；奧地利、俄羅斯、哥倫比亞、祕魯、瑞典、瑞士和阿根廷各有一個。[9]

隨著ＳＩＢ的市場擴大，慈善家、政府和投資者愈來愈意識到這項工具的潛力。漸漸地，ＳＩＢ基金出現在市場上，嶄露其能取得的成就。在英國，橋基金管理公司於二〇一三年和二〇一九年籌集了世界上頭兩檔ＳＩＢ基金。這兩檔由法人和慈善基金會出資支持、總價值為六千萬英鎊的基金，[10]共投資了四十個ＳＩＢ、組成多元的投資組合，支助九十多個社會服務提供者，協助其提供更好的遊民、教育和兒童服務。[11]迄今為止，投入這些基金的兩千五百萬英鎊將提供價值超過一．五億英鎊的政府成果，[12]預計投資者的年淨報酬率約為五%。換句話說，影響力債券能為政府帶來收益，為投資者提供報酬，並為社會創造更好的結果。

如今，地方政府也屢屢推動SIB的成長，在英國尤其如此，政府官員將SIB視為「社會成果契約」。在社會成果契約中，驗收成果後才付款，而不像傳統契約那樣，為服務付費。當地政府官員意識到，這是更好的提供社會服務方式。而這是因為，SIB能有紀律地實現成果、提供數據以示取得成果的最佳方式，而且計畫的有效性也公開透明。上述這一切對於政府、慈善家和社會服務提供者都極具價值。

成功的案例比比皆是。讓我們以二〇一四年，英國的橋基金管理公司推出的「健康之路SIB」（Ways to Wellness SIB）為例，該債券受英國國家健保局委託成立。此計畫的目的是幫助患有多種慢性病（如糖尿病和心臟病）的成年人，透過「社會處方」改變患者的生活方式，從而改善他們的健康。長期以來，醫生努力改變這些患者的人生，然而他們缺乏的是社交、而非醫療。這項新服務幫助人們鍛煉身體、減少孤立、改善飲食、避免住院治療，進而為政府節省經費。最後，該計畫成果超越了所有原定目標，幫助超過五千名成年人改善健康狀況，並將醫療保健成本降低了三五%。[13]

另一個成功的SIB案例，是融合住屋SIB（Fusion Housing SIB），旨在解決英國青年無家可歸的問題。這個為期三年的計畫於二〇一五年啟動，為公益服務提供者如融合住屋等多家組織，籌集了近一百萬英鎊，用於執行成果導向計畫，以減少和防止無家可歸的情況。[14]

儘管最初，融合住屋的住房服務主管塔莎・戴森（Tasha Dyson）對於成果導向做法抱持懷疑，但她很快意識到它的價值：「老實說，與非常弱勢的年輕人簽訂成果導向合約，似乎是炮製災難的祕方。但我現在收回這句話。實際上，這是支持弱勢青年的最佳方式，因為它容許執行上的靈活性。」

然而，採用成果導向合約，意味著測量結果是一大重點，這對於那些實際提供服務的人來說，是全新的體驗。融合住屋的負責人海倫・明奈特（Helen Minett）說：「我得承認，我被拖進了統計分析的世界，一邊踢一邊尖叫。然而我現在完全理解它的好處。該方法不僅是我們所行之事的見證，更改變了我們前進的方式。」[15]

融合住屋的成功，說服了柯克利斯（Kirklees）委員會的地方政府官員，讓他們相信這種新機制可以幫助當地人。因此，他們採用成果導向做法，重新設計其中一份現有合約，以便更有效地為弱勢成年人提供住房服務。

柯克利斯區將最初由中央政府發起、幫助有潛在無家可歸風險者的成功試驗性計畫，由原先兩百五十萬英鎊的規模，擴大到兩千三百萬英鎊。這進一步表明了人們對ＳＩＢ的信心。[16]

在美國，由出身高盛證券的安迪．菲利普斯（Andi Phillips）共同創立的影響力投資管理公司「梅岡資本」（Maycomb Capital），推出了首個美國版的橋ＳＩＢ基金。該基金於二〇一八年啟動，旨在籌集總計五千萬美元的資金，支持者包括保德信金融集團（Prudential Financial）、克雷奇基金會（Kresge Foundation）和微軟前執行長史蒂夫．鮑爾默（Steve Ballmer）。[17]梅岡資本的其中一項投資，是麻州的經濟發展途徑ＳＩＢ，由美國社會金融於二〇一七年推出，目標在於讓移民融入社會。

大波士頓地區擁有大量只會一點點英語、或完全不會英語的難民和移民。這使他們很難找到工作，尤其是高薪職缺，而且比起具有類似資歷、但英語流利的移民，前者的平均年收入少了兩萬四千美元。其中，許多人依賴州政府的幫助，更有超過五〇％的人靠現金補助度日。[18]

造成這種情況的部分原因是，缺乏語言學習服務。至少有一萬六千名成人學習者在等候名單上。最重要的是，現有的學習計畫並沒有配套措施，無法協助參與者就業或爭取到較高的薪水。[19]顯然，我們需要取得更有效、成氣候的結果，而採用成果付費的模式，就可以做到這一點。

透過經濟發展途徑SIB，四十位投資者預先挹注了一千兩百四十三萬美元，使公益服務提供者「猶太職業服務」（Jewish Vocational Services），能提出四個結合語言課程和就業服務的計畫，服務兩千名英語學習者。[20]計畫目標是增加就業、確保較高薪的工作，最終順利接續高等教育。計畫的成果每季衡量一次，從而決定投資者收到的款項金額。到目前為止，已經成功支付八筆款項。[21]

猶太職業服務執行長傑瑞·魯賓（Jerry Rubin）解釋了這對公益服務提供者的意義：「當你因為計畫成功才能獲得報酬，計畫品質會提升。如果是要衡量工資的調漲（這是可能的），那麼你設計的計畫就會引領人們落腳較好的工作，拿到更高的工資。目前，成人教育和勞動力發展市場自成體系，但這個模式融合了兩者。之所以想要合併兩者，是因為這是人們的希望與需求。此模式為客戶和英國帶來真正有意義的結果，並終將導致變革。」[22]

猶太職業服務之所以加入依成果付費計畫，部分原因是，他們希望將組織活動擴展至其他成年人，讓更多人受益於這項服務。因為正如魯賓所說：「我們沒有融資機制。」另一個原因是，藉由提供英語教學、就業服務和職涯指導等綜合服務，該模式讓他們的服務能「取得更好的成果」。而在這個案例中，指的是更佳的經濟機會。[23]

換句話說，將投資紀律和依成果付費結合，就等於開拓、創新和影響力。顯然，考量到服務提供者獲得穩定捐款的困難性，依成果付費模式為那些希望吸引大量資金以擴大規模的人，提供了更有效的融資選擇。

截至二〇二〇年一月，美國有二十六個活躍的ＳＩＢ計畫，[24]還有許多正在醞釀的計畫。而且，美國籌集的總金額也超過英國。一如往昔，在金融領域，美國的擴張速度最快。

但與任何新事物一樣，痛苦和挑戰也如雨後春筍般冒出。目前為止，大多數ＳＩＢ的規模都非常小：每個ＳＩＢ的受益人中位數約為六百人，前期承諾的出資上限的中位數僅為兩百萬英鎊。[25]世界上最大的ＳＩＢ，用以輔助南卡羅來納州的未成年媽媽，只有區區三千萬美元。

然而，ＳＩＢ的設計和實施，比起捐款更複雜，因為涉及到三個利益相關者：成果付款者、社福組織和投資者。而這也導致，相較於投入的資本，執行成本過高。然而，另一方面，計畫施行的便利性和速度也與時俱進。隨著經驗不斷累積，相關條款和成果指標都將標準化，專業的成果導向基金、ＳＩＢ基金和ＤＩＢ基金也會進入市場，讓影響力債券規模化。最終，ＳＩＢ和ＤＩＢ的成效，應從取得社會效益的成本，和計畫成功的數量等兩方面來衡量。我估計這兩者能促成遠比傳統捐款理想的結果。

隨著「影響力慈善事業」到來，最佳的服務提供者會留下相關成果和活動的數據。這一點很重要，因為追蹤結果，能使依成果付費的投資模式，如SIB和DIB等，變得大眾化。如果服務提供者能夠準確追蹤自身介入措施的成效，就更容易吸引到投資資本。而最終目標則是幫助更多的人，解決更大的問題。但要做到這一點，就得給社會服務提供者工具和資金，以利其創新和發展。

創造金流！慈善與援助新模式

在最初的SIB模式中，私人投資者挹注資金，政府則在績效達成後，付款給投資人。然而，大多數開發中經濟體的政府，缺乏付款資金。因此，在DIB中，基金會和援助組織會介入，與新興國家政府一起為成果買單。

在新興市場，要解決的挑戰迫在眉睫，但有一個大問題：錢。若要在二〇三〇年前實現SDGs，總計大約需要三十兆美元的資金。[26]但光靠傳統的慈善捐贈和政府支出模式，根本做不到。

在解決教育、健康和環境等影響人民生活、限制經濟成長的重大問題上，DIB是很前瞻的做法。此外，這些債券還提供了漂亮的報酬，有助於填補SDGs的資金缺口。在新興國家政府無法為預期成果付款的情況下，DIB能夠吸引慈善組織和援助團體來為成效付費，並挹注資金到實現成果的社福組織。雖然許多慈善捐助者可能認為，僅在新興市場的問題上投入資金是徒勞無功，但他們仍受到按成果付費的想法所吸引。而這是因為，他們投資的錢不會付諸東流、而是能得到相應成果，同時創造出邁向成功的動力，就像創投家和創業者之間的合作張力一樣。

二〇一五年，第一個DIB發行，目的在於增加印度女孩接受教育的機會。在獲得適當教育上，印度孩童面臨著難以跨越的障礙：四七％的五年級學生無法讀完文章的一個段落，三〇％的學生無法進行簡單的減法運算。而家庭因素和文化期望，使得印度女孩面臨的問題更加嚴重：四二%的女孩經父母告知要輟學，而全印度只有五五%的學校設有女廁。[27]在印度的拉加斯坦邦，四〇%的女孩在五年級前輟學。[28]

教育女童（Educate Girls）是DIB的服務提供者，由莎菲娜・胡珊（Safeena Husain）創立和領導。在教育女童介入時，娜拉雅妮已輟學好幾年。於是教育女童花時間與她的家人相處，說服他們讓她重新註冊四年級。多年後首次重返學校，讓娜拉雅妮有點不知所措，但教育女童透過家庭和教師合作的計畫，幫助她重新適應一切。該介入計畫經由補救教學（remedial education）和支持行動，幫助像娜拉雅妮這樣的女孩，提升至所屬年級的水準，以便她們能繼續上學。

在DIB發行期間，教育女童收集了充足的兒童學習方式資料，以健全其補救課程。由於這項密集的課程，娜拉雅妮在計畫中學習兩年後，便能閱讀以印地語書寫的故事和解決數學問題，同時學習英文字母表。

世界上第一個DIB，由哥倫比亞的影響力財務顧問公司「英斯汀格力」（Instiglio）所籌建，大獲成功。該計畫達成九二%的學生入學率，狠狠打破了原定的七九%目標，[29]更實現了一六〇%的最終學習目標。[30]而這項成果也轉化為投資者的報酬。瑞銀慈善基金（UBS Optimus Fund）由成果付款者「兒童投資基金會」（Children's Investment Fund Foundation）那收回二十七萬美元的初始資金，外加十四萬四千零八十五美元，相當於一五%的年化報酬率。而這筆資金也會再投資於更深入的計畫。[31]

由於該小型DIB的成功，教育女童有能力籌集超過九千萬美元的善款，推行新計畫。比起最初的資金規模，這筆資金有如三級跳，而且也清楚展示了DIB如何幫助公益服務提供者擴大規模。

目前市面上有十多個DIB，[32]包括第一個人道主義DIB，即價值兩千五百萬美元的紅十字國際委員會（ICRC）人道主義影響力投資計畫（Program for Humanitarian Impact Investment），[33]此外還有更多計畫正醞釀成形。就紅十字會的債券而言，由法人和私人投資者提供資金，在馬利、奈及利亞和剛果民主共和國建立中心，幫助因暴力衝突、事故或疾病而受傷的人。而成果付款者則由國際集團組成（包含瑞士、比利時、英國、義大利，以及大型西班牙銀行基金會「凱克薩基金會」〔La Caixa Foundation〕等海外發展機構），承諾在五年後付款給投資者。根據計畫結果，投資者每年有望獲得高達七%的報酬，或損失多達四〇%的投資。

紅十字會在主席彼得・毛雷爾（Peter Maurer）的帶領下，也採行SIB和DIB，以降低對政府捐款高達八〇%的依賴。「多年來，ICRC一直向未提供援助、未投入民間資源，或沒有創新籌資機制的政府，尋求贊助。」負責該債券的官員托比亞斯・埃普雷希特（Tobias Epprecht）說：「對我們來說，這是很重要的學習經歷。如果行之有效，就能向其師法，著手進行更大的計畫。」[34] 換句話說，DIB有可能為紅十字會等社福團體，創造重要的新金流。

這些新模式無疑具有巨大的潛力，但正如教育女童的例子所示，第一批ＳＩＢ起步時規模甚微。舉例來說，教育女童計畫僅針對印度一個邦的數百名女孩。儘管該計畫大大改變了受助者的人生，但還有數百萬人需要同樣的幫助。

教育委員會二〇一七年的報告指出，全球面臨著迫切的學習危機：二．五億兒童沒有上學，還有三．三億兒童實際上無法學習。如果情勢不變，到二〇三〇年，世界上有一半的青年無法接受教育或沒辦法學習，而低收入國家中，只有十分之一的年輕人能取得基本的中階技能。[35]這個問題很可觀，無法靠一次幫助幾百個孩子就能解決。為了解決這種大型問題，大規模採取依成果付費模式勢在必行。

推動系統性變革的關鍵機制

這就是成果導向基金的用武之地。這些基金受到專業管理，並會與社福團體簽訂成果導向合約。而基金的目標則是擴大成果導向合約，並大幅減少執行合約所需的時間和成本。

一旦社福組織與成果導向基金簽署合約，前者就可以籌集履行合約所需的資金。而這筆資金可由投資方注資的ＤＩＢ基金來提供。所謂的投資方，可能是一般投資人、發展援助組織的投資部門或慈善基金會。你可以將ＤＩＢ基金和成果導向基金，視為電池的兩個電極，為社福組織挹注資金。ＤＩＢ基金支付前期款項，成果導向基金則在目標達成時付款。

這項創新方法的實際運作流程，如203頁圖所示。

各基金在資助社服組織時的角色

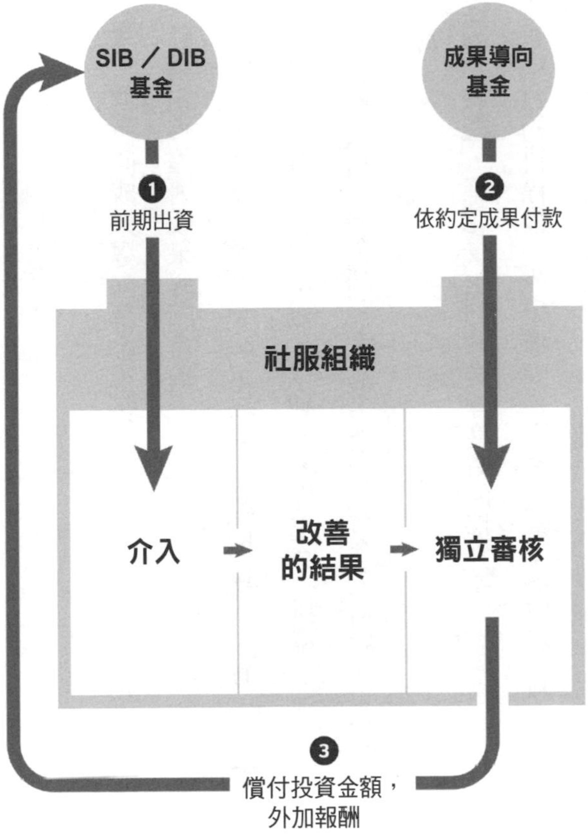

為了建立起這個循環，用以改善如新興國家的教育問題，需要歷經以下步驟：

一、成果付款者向成果導向基金承諾出資十億美元，而成果導向基金與社福組織簽署成果導向合約。

二、這能催生出高達七億美元的投資。這些投資者是DIB基金背後的金主，資助社福組織，以利後者提出介入措施。

三、非政府組織和目標導向型企業提供教育介入措施，改善學習成果。

四、經獨立評鑑，確認學生的教育程度有所提升。

五、在實現合約目標後，成果導向基金會付款，償付投資者的原始投資外加報酬，而且成效愈好、報酬愈高。

舉例來說，非洲和中東教育成果導向基金（Education Outcomes Fund for Africa and the Middle East）計畫籌集十億美元，來改善一千萬兒童的教育。該倡議由GSG和教育委員會（主席為戈登．布朗）聯合發起，並得到各國基金會的支持，其中最著名的包括阿里科．丹格特基金會（Aliko Dangote Foundation）、福特、歐米迪亞、大勝利（The Big Win）、ELMA集團、瑞銀慈善基金會、慧與基金會（Hewlett Foundation）和英國國際發展部（DFID）。他們都希望採行創新的方法，最大程度地改善非洲和中東教育。在突尼西亞前政府部長阿梅爾．卡布爾博士（Dr Amel Karboul）的領導下，非洲和中東教育成果導向基金將協助表現好的教育服務組織取得資金，例如女性教育活動組織（Camfed）。該非政府組織致力於資助辛巴威、坦尚尼亞、迦納、尚比亞和馬拉威等最貧困社區、超過五十萬名女孩接受教育；或者是非政府組織iMlango，其在肯亞農村地區建立學校，提供個人化的電子學習平台、平板電腦和寬頻上網服務。

與前述的教育女童計畫一樣，套用成果導向基金的模式，有助於組織擴大計畫規模。比方說，英國亞洲信託的成果導向基金便籌集到一千一百萬美元，能將計畫施行範圍擴及到拉加斯坦邦、古加拉特邦（Gujarat）和德里，幫助到二十萬名兒童。[36]

在眾多發展中的計畫，由賴比瑞亞政府領導的計畫最被看好。該國的賴比瑞亞教育促進計畫（LEAP）代表其踏出「引入成果導向基金、提供社會服務」的第一步。此計畫的主要目的，是提升賴比瑞亞學童的教育程度。事實上，二〇一五年，該國十五歲至二十四歲的兒童中，有二五％是文盲，五二％的小學適齡兒童沒有入學。[37]目前，賴比瑞亞教育促進計畫以公私部門合夥方式運作，最終目標則是成為成果導向計畫。如此一來，就能依據成效，決定成果付款者向此計畫支付的費用。[38]

我相信成果導向基金能加速突破瓶頸，使世界上最好的非政府組織和社會企業家能籌集更多資金，擴大業務規模，幫助更多人。從目前的問題規模來看，需要強大的新機制才能解決。而有了大規模的成果導向基金後，也有助於較大型的ＳＩＢ和ＤＩＢ發行，減少推動相關計畫所需的時間和成本。此外，透過增加和擴展介入措施，也可以推動教育、醫療保健、就業和環境等方面的系統性變革，改變百姓生活，進而推行更有效的專案計畫。

在挑戰日益艱鉅的世界，擴大解決方案勢在必行。比方說，斯科爾基金會（Skoll Foundation）執行長莎莉．奧斯伯格（Sally Osberg）和創新管理大師羅傑．馬丁（Roger Martin）便在在強調，如果我們真的想解決社會和環境問題，系統性變革有多麼重要。[39]

隨著資金流入規模數十億美元的成果導向基金，並吸引大量ＳＩＢ基金和ＤＩＢ基金相應投資，帶領社福組織的影響力創業家，就能夠籌集到大規模實施創新方法所需的資金，從而帶來系統性變革。就如同創投和科技創業家，用科技革命帶來系統性變革一樣。

為美好未來，釋放億兆美元資產

當然，捐款只是傳統慈善基金會運作模式的一環。比方說，有些基金會的永久運作基金（endowment）中，可投資資產非常可觀，捐助的資金只是冰山一角。例如，典型的基金會可能會將約九五％的資金投入投資市場，然後每年捐贈五％的資金。這麼做是希望永久運作基金的投資收益，能高於捐出的金額，讓基金會能長盛不衰、持續捐贈資金。論及這種傳統的基金會模式，赫隆基金會（Heron Foundation）的榮譽退休主席克拉拉・米勒（Clara Miller）形容地入木三分：「一個避險基金，外加小型的捐贈計畫。」

然而，這種模式對慈善家意味著什麼？想像一下，你是慈善基金會的執行董事，現在正與該基金會的投資顧問會面。你會談論讓基金會永久運作基金的投資報酬最大化，而這可能意味著今年要投資一些主要的汙染企業，甚至可能是幾家化石燃料公司。你還將與受贈單位會面，對方或許來自出色的非營利組織，致力於幫助原住民奪回家園、投入保護野生動植物，以及對抗氣候變遷。

你應該看出了這有多諷刺：你捐款是為了解決問題，但你的投資卻在幫倒忙、製造問題。然而，你也覺得要讓投資報酬最大化才好交代。你希望你的捐款和永久運作基金，能確實為環境帶來淨正面效益，但你不知道如何計算。同時，那些受贈組織向你報告他們的活動、而不是其影響力。比如，他們培訓了多少新的代言人、組織多少場抗議活動，而不是他們保護的土地捕捉多少噸的二氧化碳。現實是，沒有任何方法可以衡量兩邊的影響，你只能希望你的捐款對環境的貢獻，能大於你的投資對環境造成的損害。

上述矛盾並非憑空杜撰，而是一個世紀以來慈善事業的運作方式。而且，不只是環境慈善組織，許多機構也有同樣的問題。比方說，致力於扶貧的基金會，投資支付微薄工資的公司；針對受困於衝突局勢的難民，積極保障其權利的基金會，投資軍火公司。

慈善事業之所以身陷雙重困境，其來有自。首先，法規通常要求基金會的董事和受託人以產生投資報酬為旨，並限制他們用永久運作基金的投資組合來推動組織使命。在傳統的基金會模式上，永久運作基金與組織使命是一碼歸一碼，不會混為一談。所以，基金會要盡量賺錢，才能捐更多錢。由於沒有公認的方法，來衡量不同公司的一舉一動對社會和環境的影響，因此很難證明避開某些投資、轉向其他標的是好方法。

福特基金會獨具慧眼的執行長達倫．沃克（Darren Walker）承認這種矛盾：「作為致力於打擊不公義的全球基金會，我和我的同事並沒有忘記，為我們創造永久運作基金的體制，也衍生出不平等問題。透過明智的投資，這筆基金持續資助我們對抗不平等。」[40]事實上，影響力投資打破了前述的古老荒謬情境，並釋出基金會的永久運作基金力量，幫助組織創造最大的淨正面效益。經由影響力投資，基金會的永久運作基金有助於實現使命，而不是背道而馳。

影響力投資是截然不同的思考方式，能改寫慈善事業的使命和運作模式。但它又與私部門投資者對慈善組織發動惡意收購相去甚遠。[41]正如達倫·沃克所做的，長年以來，許多基金會和非營利界人士一直在尋找更好的方法。而影響力投資的出現，讓具創新精神的基金會，其資金能發揮更大影響力，同時賺取市場報酬率。

由於受託人有義務最大化永久運作基金的投資報酬，有些基金會一直不願將他們的永久運作基金投入影響力投資。但隨著影響力思維普及，改寫了其中一些限制的定義。例如，二〇一六年，美國財政部頒布新的促進影響力投資綱領。社會創新和公民參與辦公室（Office of Social Innovation and Civic Participation）主任明確表示：「除了一般會顧及的財務報酬外，基金會經理人在評估投資時，也能把預期的慈善成果如何推動組織使命列入考量……而不用擔心面臨稅務罰款。」[42]與此同時，各基金會也開始慢慢注意到這一點，更有愈來愈多的基金會，把永久運作基金當成達成使命的途徑之一。

二〇一六年，英國同樣通過一項新的慈善法案，明確指出基金會受託人的義務不僅是賺錢，更要實現合理的財務、社會和環境報酬。該法案既定義了「社會投資」，也賦予慈善機構進行這些投資的權力。根據該法案，「當慈善機構為以下兩個目的採取相關行為，即為社會投資：一、對慈善機構會務推廣有貢獻；二、為慈善機構取得財務報酬……註冊的慈善機構和非法人慈善機構的慈善受託人，有權進行社會投資。」[43]

這些變化促使基金會踏入影響力投資的領域，發揮深遠的影響。例如，獨立的倫敦健康基金會「蓋伊和聖托馬斯慈善」（Guy's and St Thomas' Charity），便從近八億英鎊的永久運作基金中，拿出至少五%以促進社會大眾的健康。這麼做，讓專業的醫療保健投資機構「適切資本」（Apposite Capital）能取得資金，把錢投資在那些提供高品質、平價醫療的企業上。[44]該基金會也使用三．八億英鎊資產組合的一部分，作為醫療照護院所的場地。[45]蓋伊和聖托馬斯慈善的目標，是所有資產都能發揮慈善使命，最大程度地發揮正面影響。

福特基金會在達倫．沃克及具投資頭腦的主席彼得．納多西（Peter Nadosy）領導下，率先打頭陣，將永久運作基金用在取得財務、社會和環境報酬，不偏廢任何一方。二〇一七年四月，福特基金會的董事會批准，從一百二十億美元的永久運作基金中撥出十億美元，用於使命相關投資（mission-related investment，MRI），[46、47]這是迄今為止，最大的永久運作基金投資承諾。[48]

有趣的是，這並不是福特基金會首度引領慈善事業創新。一九六八年，該基金會引入專案相關投資（program-related investment，PRI）。

PRI指的是，被投資方從事的項目深具慈善意義、但財務風險高，因此投資方允以撥款投資。迄今為止，福特基金會在PRI投入超過六·七億美元，以實現其出資捐助的公益目標。[49]目前，福特基金會手上管理著二·八億美元的PRI資金。[50]PRI與MRI不同，因為PRI的性質為捐款，得計入為了維持基金會的優惠租稅條件、而每年必須捐贈出去的五%永久運作基金之中。相比之下，MRI是尋求社會和財務報酬的投資，從基金會未分配的九五%永久運作基金撥款。

福特基金會的MRI計畫約占永久運作基金的八%，這筆補助款會用來實現基金會的使命。此外，該資金的投資標的，是那些能夠提供市場報酬的投資，因此通常會高於PRI的平均報酬。而在捐款計畫和永久運作基金的加乘作用下，更有助於實現基金會的慈善目標。

那麼，福特如何運用從永久運作基金撥出的十億美元？舉例而言，其中一項MRI計畫，是投入三千萬美元來解決美國的可負擔住宅危機

（affordable housing crisis）。做法是，投資於由資本影響力合夥人（Capital Impact Partners）發行的社區改善發展債券，以及資助住宅開發商，如喬納森・羅斯（Jonathan Rose）和阿瓦納特（Avanath），以打造平價綠住宅。[51]這種方式非常合理，所以如今福特仍沿用相同的做法，只是改為窮人提供金融服務。[52]

正如達倫・沃克所說：「如果過去五十年，慈善事業是由捐款預算來定義。那麼接下來五十年，風潮必定是將其他九五％的資產用於落實正義。」沃克承認，為了解決系統性的社會和環境問題，需要遠超過福特所撥款的十億美元。同時，他也將福特的承諾，視為鼓勵其他基金會加入的動力。事實上，美國的私人基金會持有超過八千五百億美元[53]的永久運作基金，[54]而非美國的基金會則持有約六千五百億美元。因此，在發揮顯著、大範圍的影響上，眾基金會的潛力無窮。

其他美國的基金會也開始效法福特的做法。比方說，克雷奇基金會已設定目標，在二〇二〇年前，會將永久運作基金的一〇％（即三・五億美元）從事社會投資。擁有六十九億美元永久運作基金的大衛與露西・帕卡德基金會（David and Lucile Packard Foundation），則編制一・八億美元進行影響力投資。[55]在加拿大，麥康諾家族基金會（J.W. McConnell Family Foundation）預計將影響力投資的配額調升至超過一〇％。[56]

在葡萄牙，盧斯特・古爾本基安基金會（Calouste Gulbenkian Foundation）為歐洲的先驅者之一。最近，它從永久運作基金中撥款四千萬歐元，投資迷宮芥子（MAZE Mustard Seed）社會創業基金。該基金的目標是，擴大測試中技術規模，以解決有意義的全球問題。因此，迷宮芥子會投資新創企業，而這些新創團隊解決的問題，從食物浪費、教育，到幫助移民和難民融入社會不等。[57]

在更遠的東方，日本的笹川和平基金會（Sasakawa Peace Foundation）也朝著同樣的方向前進。笹川和平基金會的性別投資和創新部總監小木曾麻里（Mari Kogiso）曾表示：「捐款不一定是笹川和平基金會達成目標的最有效工具。」這也就是為何它開始把觸角探向影響力投資。[58]之後，基金會朝著這個方向邁進，並於二〇一七年推出了亞洲女性影響力基金。這檔一億美元的基金，目的在於促進女性賦權和性別平等。二〇一八年，此基金投資了十億日圓於藍色果園的小額信貸基金，以支持婦女賦權。[59]

更進一步探索，會發現有些家族基金會，將永久運作基金全部用於影響力投資。其中值得注意的是赫隆基金會，其永久運作基金為三億美元。[60]該基金會認為自己的受託責任，是確保其資產百分之百投資於符合赫隆使命的項目上。[61]

赫隆改變了基金會的營運結構，以反映這種新的運作模式。他們將投資與捐贈結合在一起，而不是投資歸投資、捐贈歸捐贈。因此，赫隆基金會不會追求永久運作基金的投資報酬最大化，也不會受限於每年要捐出永久運作基金的五％。這與榮譽退休主席米勒描述的「黑白宇宙」舊體制形成鮮明對比。[62]從現在起「每個人攜手合作讓社會和財務使命最大化，形成一股正面的力量。」米勒說。

內森・卡明斯基金會（Nathan Cummings Foundation）也仿效赫隆基金會，將總計五億美元的永久運作基金，配置於ESG和影響力投資。[63]基金會前總裁兼執行長雪倫・艾伯特（Sharon Alpert）意識到運用永久運作基金的力量，並且鼓勵其他人加以利用：「基金會擁有數兆美元資產，但許多同行往往沒有覺醒或完整運用手上資源。然而，若駕馭資產得宜、釋放其全部潛力……我們可以強化投資的力量，以實現所有人都希望和應得的未來。」[64]

由矽谷出身的查理和麗莎・克萊斯納（Charly and Lisa Kleissner）所創立的費力西塔斯基金會（KL Felicitas Foundation），也義無反顧地投入，將約一千萬美元的總資產用於影響力投資。[65]而且，他們也鼓勵同行這麼做。身為全球影響力投資者行動社群「托尼克」（Toniic）的一分子，克萊斯納夫婦共同創立了「一〇〇%影響力網路」（100 per cent Impact Network）。這是由一百多個家族辦公室、高淨值資產人士和基金會所組成的合作團體（根據此組織二〇一八年的報告，二三%是家族基金會）。[66]而每個成員都承諾，將他們的投資組合投入影響力投資。該團體擁有六十億美元的集體資產，並且已經投資布局超過三十億美元。[67]他們的目標，是激起全球的影響力投資運動。[68]

引領影響力慈善事業的後起之秀

新慈善模式的推動力，主要來自新一代的基金會。這些基金會由取得巨大商業和技術成就的個人所領導。他們專注於永續的長期資金，而非短期的捐款，並且愈來愈關注結果，而不是服務提供者從事的活動。此外，他們也鼓勵創新，並充分運用手上的慈善資源，以期創造最大的正面影響。

有誰能比由世界上最成功企業家出身的慈善家，更能將資本主義的好用工具帶入慈善事業？由 eBay 創始人歐米迪亞和他的妻子潘蜜拉（Pamela）所發起的歐米迪亞網絡，是新一代慈善家的重要代表。這些新一代的慈善家改變了此行業的行為模式。歐米迪亞網絡採用混搭模式，由基金會和影響力投資公司共同組成。前者負責捐款和進行 PRI，後者則投資於目標導向型企業。但一開始不是這樣的。正是由於皮耶・歐米迪亞對於傳統慈善事業和其種種局限的失望，以及他對商業創造大規模影響的經驗，促使他採用了這種模式：

我們成立了一個基金會，最初幾年只是單純地捐款，進行傳統的慈善事業。但我變得有點沮喪，因為我看到私營企業 eBay 所發揮的社會影響。eBay 改善了人們的生活，因為它推出了一個平台，讓人們能基於共同興趣，彼此認識交流。在那裡，人們能創立事業、創造就業機會、改善生活，我親眼見證企業讓世界變得更美好的潛力。因此，在二〇〇三年至二〇〇四年，我們說，「好吧，單純的基金會模式……到此為止。」然後把基金會重新改組為歐米迪亞網絡。[69]

歐米迪亞網絡自稱是「慈善投資公司」，既從事傳統捐款也投資。它讓慈善事業和私部門「因相同的使命而凝聚在一起，試圖為世界各地的人們創造機會。」[70]比方說，難民聯合（Refugees United）就是他們的非營利受贈單位之一。該網路平台幫助流離失所者與失蹤的親人團聚；光悅科（d.light）則是他們的營利性投資之一。該企業為非洲貧困社區提供平價的太陽能提燈。[71]兩者並行不悖，共同落實基金會的使命。

到目前為止，歐米迪亞承諾投資的十五億美元中，約有一半用於非營利捐款，另一半則用於「兼益」（profit with purpose）❶投資。[72] 除了投入所有慈善資金來產生影響力外，歐米迪亞還深信要擁抱風險，這也就是為什麼歐米迪亞網絡將支出的一〇%用於實驗和學習。歐米迪亞說，慈善家「應該比過去承擔更多風險」。他引用創投部門的話說道：「這些傢伙擁有作育英才的洪荒之力」，慈善家應該向他們學習。[73]

歐米迪亞網絡也是影響力投資界的最大支持者之一。其前任執行長馬特·班尼克（Matt Bannick）代表美國參加了G8社會影響力投資工作小組，並大力支持美國國家諮詢理事會、美國社會金融、GSG，以及非洲和中東教育成果導向基金所做的努力。他的繼任者邁克·庫布贊斯基（Mike Kubzansky）也拼盡全力，重新想像資本主義。歐米迪亞網路，連同夥伴斯科爾基金會（由eBay前執行長傑夫·斯科爾〔Jeff Skoll〕於一九九九年成立），一直是促進影響力投資成長的最重要代表。

就如歐米迪亞網絡，斯科爾基金會的成立宗旨在於，透過創新和創業的力量，在全球實現系統性變革。而這正是新的影響力慈善事業模式的一大特色。除了相信「社會企業家是解決世界最棘手問題的最佳選擇」，傑夫．斯科爾還提倡長期資助這些企業家，以「協助他們擴大創新規模」。因為「在創新和創業成長中，不受限制的資金位居要角。」[74]

在分配捐款和PRI資金上，斯科爾基金訂立了明確的成果框架。而它的永久運作基金，則由斯科爾的投資管理公司「摩羯座投資集團」（Capricorn Investment Group）來操盤，後者也是經過認證的B型企業。[75]

斯科爾基金會一心希望其捐款和投資，能推動重大的改變。所以，斯科爾基金會可謂讓摩羯座投資集團採取影響力投資的早期推手，這樣投資才能呼應基金會的使命。正如摩羯座管理合夥人伊恩．亞迪加羅格魯（Ion Yadigaroglu）和總經理張艾倫（Alan Chang）所述：「早些時候，基金會

❶兼益，指公司兼顧盈利與社會、環境利益。

詢問我們投資的事時，我們會說：『投資是我們的職責，你們的工作是把錢捐出去。』但是基金會對這個傳統的答案並不滿意，促使我們更進一步思考，投資會帶來的正面和負面影響。」[76]

自此以後，摩羯座投資了特斯拉和其他減碳企業，包括：開發鋰電池的科技公司量子景觀（QuantumScape）、製造電動空中計程車的喬比航空（Joby Aviation），以及無人船公司Saildrone，該公司設計出能自動收集海洋數據、以風力驅動的無人船。[77]

比爾與梅琳達．蓋茲基金會（下稱蓋茲基金會）是全世界最大的基金會，擁有約四百五十億美元的永久運作基金。此基金會為慈善事業引進商業經營模式，並採取了成果導向的捐款方式。因此，他們不會要求受贈單位報告從事的活動，而是找出衡量成效的方法。[78]

蓋茲基金會不只是捐助金錢。透過二〇〇九年所設立的戰略投資基金（Strategic Investment Fund），蓋茲基金會還為聚焦大問題的營利性公司提供低息貸款、股權投資和產量擔保。[79]藉由這些工具，基金會能動員私部門的創新力量，使用不一樣的方法，大規模解決不同的問題。

例如，為了幫助世界各地的女性取得負擔得起的避孕措施，該基金會為植入式避孕棒（這是市場上最有效和好用的避孕方式之一），提出一．二億美元的銷售保證。這項保證確立了製造商拜耳和默克公司的市場可行性，製造商也同意降低避孕棒的價格，作為交換條件。[80]拜這份苦心美意之賜，已有超過四千兩百萬個植入式避孕棒，配送到世界上一些最貧窮的國家。[81]

在股權投資方面，蓋茲鎖定的標的是草創期的生物科技公司。作為初期投資者，蓋茲基金會有能力影響被投資的公司。透過這樣的方式，它可以確保將最先進的科技，應用於對治那些侵害世界最貧困人口的疾病上。舉例來說，其能確保最貧困的人們，可以負擔得起被投資公司所開發的產品和工具。迄今為止，該基金會已進行了大約四十項此類投資，總金額為七億美元。[82]而投資標的包含：開發癌症和傳染病疫苗的克爾瓦克（CureVac）、開發免疫編程技術的維爾生物科技（Vir Biotechnology），以及生物技術公司印塔西亞治療（Intarcia Therapeutics），該公司致力於用新的藥物輸送科技，革新糖尿病和愛滋病等慢性病的病情管理情況。[83]

陳和祖克柏基金會是最有前景的新家族基金會之一。二〇一五年，三十歲的祖克柏和他的妻子普莉希拉·陳宣布，兩人計畫將財產的九九％、四百五十億美元投入陳和祖克柏基金會。[84]他們的目標，是對影響力投資做出重大承諾，朝「個人化學習、治療疾病、人際連結，以及打造強而有力的社群」的方向努力。[85]

陳和祖克柏採取了非常規的慈善模式。那就是，他們將陳和祖克柏基金會設立為有限責任公司（Limited Liability Corporation，LLC），而不是傳統的基金會結構。這意味著他們能不受基金會的規定限制。陳和祖克柏基金會可以透過投資影響力計畫來賺錢，並將這些資金重新投資到其他影響力組織中。與較成熟的基金會相比，這類較新的基金會通常更願意嘗試「成果導向資助」和「依成果付費」的做法。

一些歷史悠久的基金會也加入這些「後起之秀」，共同試驗新的慈善模式。比方說，麥克阿瑟基金會（MacArthur Foundation）便率先開始新嘗試，透過所謂的「催化資本」來吸引影響力投資，以擴大對公益組織的資助。這意味著以優惠條件撥款給公益組織，藉此吸引外部投資者的資金。舉例來說，最近，麥克阿瑟基金會便與洛克菲勒基金會和歐米迪亞網絡合作，發起催化資本聯盟（Catalytic Capital Consortium），提供一・五億美元的低息貸款和股權。這項計畫的目標，是幫助各公益組織做好影響力投資的準備，並藉此吸引大量投資資金，協助他們擴大規模。[86]一旦老字號的慈善團體與後起之秀攜手合作，想必能共同引領影響力慈善事業的發展。

影響力運動的重要功臣

二〇一九年，在牛津的斯科爾世界論壇（Skoll World Forum）的會議上，觀眾被問及是否認為現在是衡量慈善事業的關鍵時刻，在場的每個人幾乎都同意。[87]影響力慈善事業的出現，更是凝聚了衡量共識。而衡量的方法包括：確認關注的是結果而不是活動、確定可以衡量成效、認同應該在捐款時採用依成果付費模式，並且同意基金會的永久運作基金，應有助於實現慈善使命等等。

事實上，考量基金會的本質，由他們擔任影響力革命的領導者，再理想不過了。鑒於基金會的慈善地位和使命感，他們可以嘗試不同的角色，像是捐款者、投資者、擔保人或成果付款者。此外，基金會也能出資支持那些推動影響力領域發展的工作，並發揮影響力，促使社福團體、政府和投資者以新的合作方式，解決社會問題。

在資助影響力運動發展上，基金會也位居要角。所有大型的運動，包括最近的新自由主義，都是由慈善家所資助，影響力運動也是如此。舉例來說，美國的歐米迪亞網絡、福特、洛克菲勒、麥克阿瑟、克雷奇和慧與基金會；在歐洲，德國的貝塔斯曼基金會（Bertelsmann Stiftung）[88]和葡萄牙的盧斯特·古爾本基安基金會；[89]以色列的羅斯柴爾德家族基金會「恩主紀念」（Yad Hanadiv）和愛德蒙得洛希爾基金會（Edmond de Rothschild Foundation）；以及印度的塔塔基金（Ratan Tata）和塔塔信託（Tata Trusts），全都支持影響力運動。

為了幫助最多的人，慈善事業有義務以最有效益的方式配置資源。因此，它必須抓住影響力投資機會。基金會必須承擔風險、資助創新，並使用捐款和永久運作基金來實現使命。透過影響力投資及其新工具，如：ＳＩＢ、ＤＩＢ和成果導向基金等，慈善事業有能力解決人類最大的問題。當之無愧地，慈善事業是影響力運動的重要功臣，能為公益組織、投資者、創業家、企業和政府迎來新曙光，更能提出方案，解決這個時代最嚴重的社會和環境問題。

影響力思維

- 藉由衡量影響力，慈善事業經營者可以更有效地分配善款，吸引私部門投資，並激勵社福組織進行創新及擴大規模。
- 影響力債券能為政府帶來收益，為投資者提供報酬，並為社會創造更好的結果。
- 成果導向基金能加速突破瓶頸，使世界上最好的非政府組織和社會企業家能籌集更多資金，擴大業務規模，幫助更多人。
- 影響力投資的出現，讓具創新精神的基金會，其資金能發揮更大影響力，同時賺取市場報酬率。
- 基金會能發揮影響力，促使社福團體、政府和投資者以新的合作方式，解決社會問題。

Chapter

6

帶頭向前衝！重新定位政府角色

如今時機已然成熟，

該由政府帶領我們走上影響力投資這條新路徑。

我們的經濟體系在自我毀滅。不受約束的資本主義造成了巨大的社會和環境問題，政府則試圖向所有人徵稅，來解決問題。然而，同一時間，投資者和公司卻一心只想賺錢。這一點道理也沒有。

影響力改變了這一切。它將私部門從汙染者和不平等的推動者，轉變為強大的向善力量。靠著全力貫徹風險—報酬—影響力模式，企業家和公司能推出新的產品和服務，改善生活和地球。鑒於今日所面對的社會和環境挑戰的規模，政府需要企業挑起大梁，開發新的解決方案。這是我們轉型為影響力經濟體的方式，而在這種經濟體中，有關消費和投資的決策，全唯風險—報酬—影響力模式是瞻。

要邁向真正的影響力經濟體，需要徹底變革現有的經濟運作方式。換言之，不再視商業和投資為單純賺錢的工具，而是能對症下藥、解決問題的關鍵所繫。當然，私部門和政府都有該盡的責任與義務。比如，私部門必須創新並提出新的解決方案，政府則需要採用新方法來解決大型問題。

政府，最能引領影響力潮流的角色

政府有很大的權力，能啟動變革和主導發展。他們也意識到，經濟成長並沒有為人民帶來希望的解方。畢竟，我們的社區無法僅因平均生活水準提高，就雞犬升天。隨著國家日益繁榮，那些被拋在後頭的人，往往無法擺脫困境，甚至有些人是一出生就位於社會底層。如果你生在一個父母失業又吸毒的家庭，你很有可能最終也會陷入同樣的命運循環。而且，貧困、教育程度不足、失業、人口老化和環境破壞，只是我們面臨的其中一些挑戰。儘管政府努力嘗試了，卻未能找到必要的解決方案。我相信部分原因是，政府天生不適合創投、創新和偶爾的失敗。那麼我們該怎麼辦？此時便是影響力投資登場的時刻。

前幾章闡示了影響力如何正面顛覆盛行的創業、投資、大企業和慈善事業的經營模式。此外，影響力還帶來多種變革力量，有助於政府更快解決較大型的問題：

一、運用影響力思維，能衡量政府支出所取得的社會效益，使政府更加透明、負責與有效率。

二、就如同科技革命所促成的，影響力投資能調動私人資本和創業精神，激盪新意來克服社會和環境問題。如此一來，投資者、慈善組織、企業、慈善家和政府能聯袂合作，共同解決重大問題。

三、透過影響力投資，政府能在採購公共服務時，採納依成果付費的模式，吸引慈善家和私人投資者出資。前者能透過成果導向基金捐款，後者則提供SIB和DIB基金所需的前期資金。這能確保政府可以有效運用資金，因為政府只為已取得的成果付費。

四、影響力投資能取得公眾資金，比如在銀行、保險公司、投資基金中的無人認領資產，而非靠稅款作為經費。如此一來，便能用這筆資金籌組強大的影響力投資經理人部門，而這些經理人專為公益組織和目標導向型企業，提供創立和成長資金。

當政府的採購思維，從詳細規定各種服務，改為透過ＳＩＢ、為成效付費，便能上行下效，推動依成果付費模式，進而打造出有史以來第一個蓬勃發展的效益市場。解決燃眉之急的最佳機會，是政府鼓勵每個公司和投資者，帶動各種形式的影響力投資、依成果付費模式及影響力衡量方法的發展。

如此一來，各政府可以加速轉型，朝向風險—報酬—影響力經濟體邁進。事實上，由政府來助長影響力投資快速成長再適合不過，就像一九七〇年代後期，政府推動創投風潮一樣。

比如，在美國，早在一九七九年，《美國受雇者退休所得安全法案》

（ERISA）的一項修正案，導致可用資本急遽增加，因為公司退休基金開始能投資創投基金。[1]在此之前，這些退休基金能配置高風險資產（含創投）的比例，受到嚴格限制。一九七九年之後，退休基金投入創投的資金開始急遽上升，從一九七〇年代的每年一、兩億美元，增加到一九八〇年代末的每年超過四十億美元。[2]除了這個重大的監管變化，加上資本利得稅在一九七八年降至二八％，並在一九八一年降至二〇％，綜合起來推動了創投的大躍進。自此，創投發展成約一兆美元的全球資金池。

政府在創造系統性變革方面，扮演至關重要的角色。經濟學家瑪里亞娜·馬祖卡托（Mariana Mazzucato）在《打造創業型國家》（*The Entrepreneurial State*）中論證得好：政府積極地塑造並創造了市場。而這正是當今各政府需要為影響力市場做的事情。各國政府能用非常明確的方案，刺激影響力市場的成長，以下說明做法。

打造影響力新世界！政府的九大任務

正如GSG[3]的報告所顯示，世界各國的政府，包括英國、美國、法國、日本、加拿大、義大利、韓國、以色列、葡萄牙和澳洲，已著手執行刺激國內影響力投資金流的計畫。如果以下九項措施都大行其道，就能從根本上改變世界。

一、要求各公司衡量自身影響力

社會各界多將二〇〇八年金融危機的成因，歸咎於銀行家過度自利，導致人們對整個金融體系怨聲連連。從許多方面來看，當年的金融危機是個楔子，引發後來民眾激烈辯論，是否需要徹底改革金融體系，就像一九二九年華爾街崩盤所帶來的影響一樣。如果影響力經濟體是應對二十一世紀挑戰的答案，那麼標準化的影響力衡量，對打造影響力經濟體至關重要。政府應該帶頭要求各公司，從現在開始收集和審核各項活動的影響力數據。

許多政府已展開行動。例如，日本於二〇一六年成立社會影響力衡量方案（Social Impact Measurement Initiative，SIMI），提出了通用的影響力衡量指引。其中，有一百三十多個成員參與，包括基金、公司、非營利組織和中介機構。法國則透過政府資助的影響力企業投資基金（NovESS），開發出社會影響力衡量和觀測工具MESIS。義大利的教育大學暨研究部（Ministry of Education, Research and Universities），則全力支持十所拓展影響力衡量新知的義大利大學。

二〇一四年，歐盟公布了非財務報告指令（Non-Financial Reporting Directive），成員國必須將該指令轉換為國內法。[4]該指令要求擁有五百名以上員工的公司，須發布非財務資訊聲明（Non-Financial Information

Statement，NFIS），清楚報告公司對社會和環境的衝擊。這些法規為後續採用影響力加權會計帳目，奠定了良好的基礎。同時，這也是邁向「泛歐盟影響力經濟體」的良好第一步。

就在不久前、二〇一九年年底，歐盟公布新的揭露規範，要求投資者公布他們在投資和諮詢的過程中，如何納入ESG風險。這麼做的目的，在於促使投資者做出明智的選擇，從而建立一個更負責任的金融體系。[5]

一旦政府要求所有企業和投資者都要衡量和報告他們的影響，就標誌著新時代的開始。在新紀元中，符合社會需求的「價值」和「成功」，才是人世準則。

二、任命內閣層級的部長領導影響力政策

為確保影響力投資是政府積極辦理的優先事項，成立由部長領導、專責影響力業務的政府部門，至關重要。該部會首長負責構築國家影響力戰

略、發展支持性政策，並加強各部會合作，推動影響力計畫。

二〇〇三年，東尼・布萊爾（Tony Blair）的英國工黨政府設立了一個中央單位，以支持當時所謂的「社會投資部門」。二〇一〇年，卡麥隆贏得保守黨選舉後，他將影響力投資的責任，提升至內閣辦公室，由該辦公室直接向總理報告。也就是在此處，弗朗西斯・莫德（Francis Maude）、尼克・赫德（Nick Hurd）和基隆・博伊爾（Kieron Boyle）領導了許多的計畫，包含成立社會投資銀行「大社會資本」，推動影響力生態系統的發展。一年後、也就是二〇一三年，同一內閣辦公室也支持G8社會影響力投資工作小組的成立，並且提供祕書處。時至今日，此單位在公民社會辦公室（Office for Civil Society）轄下持續運作著。

而巴西、法國、加拿大、葡萄牙和韓國政府，也都有設立專責的政府部門。比如，巴西成立創新和新企業祕書處（Secretariat for Innovation and New Business），屬於工業部的內部單位之一。[6]該單位制定了影響力投資的十年戰略ENIMPACTO，有助於推動巴西的影響力部門。

在法國，生態與包容轉型部（Ministry for Ecological and Inclusive Transition）最近立法、監管和媒體多管齊下，積極推動影響力投資。而該部會也透過「影響力公約」（Pact for Impact）聯盟，推動一項創建、促進和加強影響力經濟的國際議程。

三、公布社會問題的成本

政府能取得社會問題的估算成本，是發展成果導向方法的關鍵第一步。同理，這對量化和貨幣化社會影響力，以及把社會影響力與財務報酬連結在一起，也非常重要。畢竟，如果你不知道再犯問題的成本，你要怎麼算出減少囚犯回籠的合理行情？而公開這些資訊，也有助於為成果導向的投資市場奠定基礎。

了解這點後，英國內閣辦公室於二〇一四年發布單位成本數據庫，納入六百多項社會成本的估值，包含：教育和技能、就業、健康、犯罪、住房和社會服務等。[7] 這是迄今為止，量化此類成本最全面的嘗試，並成為英國影響力投資生態系統中不可或缺的一環。

到目前為止，葡萄牙是唯一效法的國家，並於二〇一七年建立了自己的政府成本資料庫。這個線上資料庫提供九十多個社會成本指標。[8] 舉例來說，資料庫上顯示，將一名罪犯關押在監獄中的每日成本為四十二歐元，而將一名年輕罪犯關押在少年看守所，每天要花一百三十七歐元。[9]

有些非政府組織倡議的發展方向，正與上述的成本資料庫不謀而合。比方說，長期支持衡量影響力的非營利組織「英國社會價值」（Social Value UK），便設立英國全球價值交易所。這是免費的群眾外包資料庫，透過線上平台提供價值、成果、指標與利害關係人等各種資料，包含了三萬多個全球影響力衡量指標。[10]

四、把介入措施的重點放在成果

論及解決今日面臨的社會和環境問題，我們已經沒有時間（或金錢）可以浪費，這也就是為什麼政府把心力從資源投入、轉向成果如此重要。正如你我所見，要找出最有效的介入措施、並大規模施行，關注成果是最好的辦法。基本上，理應要有更多政府選擇關注成果，而推行ＳＩＢ通常是他們的最佳起手式。

法國政府於二〇一六年推出ＳＩＢ，或稱為「社會影響力合約」。目前法國有六個已核准的ＳＩＢ，第一個由小額信貸組織經濟創業協會（Adie）所領導，針對那些無法進入就業市場或向銀行求助無門、但想要創業的人，發放小額貸款。第二個由通向未來（Passeport Avenir）領頭，向弱勢群體提供財務支持，幫助他們繼續接受教育，直到研究所。[11]與此同時，私部門的領導者也跟隨政府的腳步，像是法國規模最大的法國巴黎銀行（BNP Paribas），便投資了該國所有的ＳＩＢ。

在芬蘭，有七個成果導向計畫，有些計畫正在進行中，有些則在醞釀發展中。此外，芬蘭也推出了歐洲最大的ＳＩＢ，規模達一千四百二十萬歐元，以支持難民和移民融入社會。而該國也準備推出第一個歐洲環境影響力債券。

在以色列社會金融（Social Finance Israel）執行長亞隆．紐多夫（Yaron Neudorfer）的帶領下，以色列政府直接或間接參與了兩項ＳＩＢ。其中一項的目的在於預防第二型糖尿病，另一項則旨在提高貝都因青年的數學教育水準。[12]

波特蘭信託（The Portland Trust）是一個非營利的「行動智庫」（action tank），由我與哈利．所羅門爵士（Sir Harry Solomon）於二〇〇三年共同創立，致力於透過經濟發展，促進以色列人和巴勒斯坦人之間的和平。二〇一七年，波特蘭信託在巴勒斯坦推出預防糖尿病的ＤＩＢ，由巴勒斯坦銀行提供投資資金，巴勒斯坦電信公司與巴勒斯坦當局共同擔任主要的成果付款者。在推出這個小型DIB之後，二〇一九年，又發行了規模五百萬美元的世界銀行巴勒斯坦就業DIB。其中，巴勒斯坦財政部會為成果付款（由世界銀行資助），而投資者包括：巴勒斯坦投資基金（Palestine Investment Fund）、投資巴勒斯坦（Invest Palestine）、歐洲復興開發銀行（European Bank for Reconstruction and Development），以及荷蘭發展金融公司（FMO）。

在阿根廷，二〇一八年，首個政府支持的SIB在布宜諾斯艾利斯發行。這個影響力債券的訴求是，解決城市南部弱勢青年的就業問題，由法人和私人投資者提供資金。而政府也認為這是該區未來SIB的示範計畫。[13]

英國政府率先推出專門的基金，嘗試運用在SIB上。二〇一二年，就業及退休金事務部（Department for Work and Pensions）推出三千萬英鎊的創新基金，為幫助弱勢青年的ＳＩＢ成果付款。與此同時，二〇一二年，英國政府透過《社會價值法》（Social Value Act），提高了政府採購的影響力。該法要求公部門在招標時，除了考慮價格之外，還要顧及經濟、社會和環境因素。[14]

英國已跨出合理的下一步，委託更多成果導向業務。舉凡就業、醫療保健、囚犯重返社會和國際發展等領域，英國政府都使用成果導向契約。其中一例是困境家庭計畫（Troubled Families program），此計畫已撥款超過十億英鎊，幫助超過五十萬個弱勢家庭應對逃學、失業、心理健康、家暴和犯罪等問題。[15]

事實上，更多的成果導向委託業務，除了能使政府更有效運用資金，也有助於打造繁榮的ＳＩＢ市場，吸引私人資本加入、助政府一臂之力。

五、設立中央成果導向基金，促進更有效的服務

中央成果導向基金能促成許多成果導向契約，包括ＳＩＢ和ＤＩＢ。一旦基金規模擴大，便能促進政府、慈善家和私部門的合作，設計出響應政府政策的配套計畫。這些成果導向契約還能提供證據，顯示出什麼有效、成本是多少，以及為政府撙節的費用。

我們之前討論過，英國橋ＳＩＢ基金的數據顯示，四千六百萬英鎊的成果支付款，為付費的政府部門創造近八千萬英鎊的價值。而且，還未計入在健康、福利、司法和其他服務方面，長期省下的龐大金額。[16]

二〇一六年，英國推出第一個中央成果導向基金：八千萬英鎊的生活機會基金，旨在幫助那些面臨最重大挑戰的人，並把重心放在藥物和酒精依賴者、兒童服務、年輕人和老年人上。該基金貢獻了大約二〇％的成果支付總額，並由地方首長支付剩餘的費用。這種方法代表成果和撙節的經

費，由地方和中央政府共享共榮。此外，生活機會基金預計從地方首長那進一步支用三．二億英鎊，為成果契約創造價值四億英鎊的資金池。

在美國，國會於二〇一八年通過《為成果付款法案》（Social Impact Partnerships to Pay for Results Act，SIPPRA），為財政部提供了九千兩百萬美元的成果導向經費。目標是改善兒童和孕婦健康、減少無家可歸者、降低再犯率和增加青年就業機會，而計畫成果主要必須：「帶來社會效益，以及為聯邦、州或地方政府撙節經費。」

六、將影響力投資納入國際發展援助

如前所述，要在未來十年內達成聯合國的SDGs，每年需要投入三．三兆美元至四．五兆美元。然而，國際發展金流每年約為一．四兆美元（包括外國直接投資、債務和股權流動、官方援助和發展金融機構〔Development Finance Institution〕的投資），因此每年的資金缺口約為二．

五兆美元。[17]由於政府預算限制日益嚴謹，加上公眾也強力要求政府要善用公共支出，國際發展不能僅靠原本的方式推動。相反地，我們需要找到新的方法，解決發展過程中的諸多挑戰。

各國政府也意識到需要採取新的方法。在二〇一九年的G7峰會上，G7國家的發展部長宣布他們支持影響力投資、影響力債券和成果導向基金的發展，並相信「影響力投資市場的成長，是有意義且高效率的融資力量，能夠為二〇三〇年的發展方針做出貢獻。」此外，與會領導人也認同，政府需要創造「有利的政策環境」，以支持開發中國家的影響力投資。[18]

官方的發展機構，包括英國國際發展部和美國國際開發署（USAID），已將影響力衡量和投資納入活動之中。二〇一二年，英國國際發展部啟動影響力計畫，並計畫在二十三年內提供高達一．六億英鎊的資金，以促進非洲撒哈拉沙漠以南國家和南亞地區的影響力投資市場。[19]此計畫透過大英國協發展集團（CDC）進行投資，大英國協發展集團是英國國際發展部轄下的發展金融機構，專責投資事宜。在非洲和南亞，大英國協發展集團擁有五十五億美元的股權和債務投資組合。最近，大英國協發展集團更撥款十五億美元，投入新的催化劑戰略計畫（Catalyst Strategies），採取「靈活的應變風險之道，換得開先河的影響力」，以「讓新興市場在薰陶之下，成為更具包容性和永續的經濟體。」[20]

英國的大英國協發展集團和美國的海外私人投資公司（OPIC）等發展金融機構，擁有龐大的資源，是新興市場的強大投資者。因此，他們能投身影響力投資、影響力衡量計畫和依成果付費模式，對推動這些計畫的成長而言，至關重要。

政府發展機構可以成立成果導向基金來提高影響力，而所屬的發展金融機構則能投資諸多ＤＩＢ。如今，這種新模式也受到落實，其中一個有趣的例子，是價值五百二十八萬美元的鄉村企業ＤＩＢ。其目標是要在四年內，創建四千多家永續的微型企業，以改變肯亞和烏干達境內一萬兩千多戶家庭的生活。[21]作為世界上第一個特別關注減貧、並以非洲撒哈拉沙漠以南國家為目標的DIB，鄉村企業DIB吸引了美國國際開發署和英國國際發展部的援助捐款，以為計畫成果支付費用。[22]

在這種特殊情況下，美國國際開發署、英國國際發展部和其他捐助者向第三方管理的成果導向基金捐款。如果鄉村企業達成減貧目標，原始投資者能從成果導向基金獲得報酬。另一方面，鄉村企業也能受益，因為它籌集的資金比傳統捐款還多。[23]與此同時，美國國際開發署和英國國際發展部只為鄉村企業實際取得的成果付費。

七、釋出無人認領資產，建立「影響力資本批發商」

想像一下，你可以在彈指間就增加二十五億美元的國家預算，而且不需要加稅或削減重要計畫。如今，各國政府開始發現，他們可以用無人認領資產做到這一點，基本上就是憑空創造出金錢。

所謂無人認領資產，指遭持有人閒置的銀行帳戶、保單和投資。而這筆資產，是政府解決社會問題的重要公共資金來源。事實上，有些政府便用這筆「免費資金」成立影響力資本批發商（Impact capital wholesalers），以加速影響力投資的成長。

影響力資本批發商為影響力投資公司提供資金，鼓勵其他投資者參與，並藉教育和合作推廣影響力衡量法、發展影響力生態系統。此外，除了投入資金到影響力投資公司，他們也可以投資那些公司管理的基金。當然，影響力資本批發商也能充當影響力部門的擁護者，大力推廣該部門、並推動政府政策支持。而影響力資本批發商的資金來源，可能是無人認領資產釋出、政府直接資助、私部門挹注，或是三者兼具。

英國是第一個發現無人認領資產可能引發社會真正變革的國家。在無人認領資產委員會（我於二〇〇五年至二〇〇七年擔任主席）提出建言後，二〇一一年，時任內閣辦公室部長的莫德，請我和摩根大通的尼克・奧多諾霍（Nick O'Donohoe），依循二〇〇〇年社會投資工作小組所建議的方針，成立一家社會投資銀行。他告訴我，卡麥隆政府準備為此投入四億英鎊的無人認領銀行資產。

二〇一二年，這筆資金，再加上巴克萊銀行（Barclays）、滙豐銀行、駿懋銀行（Lloyds）和蘇格蘭皇家銀行（Royal Bank of Scotland）投入的兩億英鎊，用來成立大社會資本，由我擔任主席、奧多諾霍擔任執行長。從那時起，匯集無人認領資產金流、並根據政府指示進行分配的「回收基金」（Reclaim Fund），又再得到釋出的六億英鎊。[24]

大社會資本的角色，是為投資經理人提供資金，以資助公益機構和社會企業。它的目標是開拓舉足輕重的影響力產業格局，為先前完全依賴物資和捐款的社會組織帶來資金。此外，它還推動影響力投資普及，並且代表影響力界，與政府討論解決社會問題的政策。

自成立以來，大社會資本直接投資、或與共同投資者合作，投入了十七億英鎊、資助四十多家影響力投資經理人。這些經理人運用這筆錢，解決各種社會問題，包括無家可歸、平價住宅、青年失業、社區組織、兒童肥胖和心理健康等等。[25]

這促成了什麼結果？用大社會資本主席哈維．麥格拉斯爵士（Sir Harvey McGrath）和前執行長克利夫．普萊爾（Cliff Prior）的話來說，這相當於「推動強大的變革。我們為一千一百多家創新、勤奮和熱情的社會企業和社福團體提供資金，以改善全英國人民的生活」。

目前，擴大英國無人認領資產（也稱為休眠資產〔dormant asset〕）金流的計畫也如火如荼地進行著。二〇一九年，由奧多諾霍擔任主席的休眠資產委員會的報告指出，另有高達二十億英鎊的資產，可以從保險公司、退休基金和投資基金持有的無人認領資產中釋出。

有些國家也效法英國設立影響力投資批發商，其中的資金來源不乏無人認領資產。比方說，日本已宣布在未來五年內，釋出三十五億美元的無人認領銀行資產，以解決社會問題。二〇一六年，日本國會通過《休眠帳戶使用法案》（Dormant Account Utilization Bill），將銀行帳戶中閒置超過十年的資金轉入新基金，即指定用途基金會（Designated Utilization Foundation）。[26]依據GSG中日本國家諮詢理事會的說法，私部門能在接下來的五年，以贈款、貸款和其他財源等，每年獲得七億美元的資金。[27]

在世界其他地區，比方說，葡萄牙建立了葡萄牙創新社會（Portugal Inovação Social），該批發商獲得歐盟資助一．五億歐元。[28]韓國則宣布成立獲得三億美元資助的批發商，其中一半來自政府，另一半來自私部門。而義大利已向負責設立影響力批發商的金融業者「卡薩存貸款銀行」（Cassa Depositi e Prestiti），撥款兩千五百萬歐元。二〇一九年，愛爾蘭推出了休眠帳戶行動計畫（Dormant Accounts Action Plan），提供超過三千萬歐元的資金，支持弱勢群體。[29]在加拿大，瑪斯影響力投資中心

（MaRS Center for Impact Investing）提議使用十億美元的無人認領資產（包括無人認領的銀行帳戶、證券和法院裁決），用於「平價住宅、就業、減貧和其他優先領域的影響力投資」。30

美國政府雖然沒有設立新的影響力批發商，但也已經採取行動，透過小企業管理局（Small Business Administration）提供影響力資本。二〇一一年，美國小企業管理局設立了一檔十億美元的影響力投資基金，每年提供私募股權基金兩億美元投資於小型企業，希冀既能實現財務報酬最大化，同時又能產生可衡量的社會、環境或經濟影響。31

我在大社會資本的七年經驗告訴我，批發商對影響力投資市場的發展至關重要。正如股票市場沒有中間商就無法運作一樣，影響力市場也需要中間人，在此案例中，指的是影響力投資公司。影響力批發商可以資助影響力投資公司。雖然那些影響力投資公司可能不像創投家那般迷人，也不像交易員在交易廳嘶喊那樣具代表性，但與任何市場一樣，影響力市場沒有他們就無法運作或發展。

八、藉由監管和激勵措施，增加影響力資本

政府能使用的最佳工具，就是影響投資者的資本流動。正如我們所見，資產管理公司在全球管理著八十五兆美元，而退休基金管理著三十八兆美元。[32]這些都是巨額資金，如果用度有方、發揮影響，能大助政府一臂之力，解決眼前重大的社會問題和環境挑戰。舉例來說，一九八〇年代創投的爆炸性成長，便說明了如何透過監管變革和租稅誘因，讓產業改頭換面。

英國是第一個為幫助公益組織的「社會投資」，引入特定激勵措施的國家。二〇一四年，英國政府推出社會投資稅收減免計畫（Social Investment Tax Relief，SITR），為社會投資減免三〇％的稅負。受益於該計畫的被投資方，包括：格拉斯哥（Glasgow）的自由麵包店（Freedom Bakery），

該店專門訓練囚犯製作歐式麵包；推動青年就業和成人教育的合作社「曼市聯」（FC United of Manchester）；以及在ＳＩＴＲ下，籌得翻新和修復資金的克利夫登碼頭（Clevedon Pier），該遺址位在布里斯托（Bristol）附近。[33]

不幸的是，在歐盟的「國家補助」（state aid）規定下，每位投資者經由ＳＩＴＲ投資的上限並不高，導致資金流動非常稀少。不過目前，當局正在審查相關規定，我希望上限能夠大大提高。

在美國，為鼓勵開發商在中低收入社區建造平價住宅，政府會提供租稅優惠，而這也是長期以來，美國社會投資的特色。近期，美國則推出不同優惠方案：投資經濟發展機會區（Opportunity Zones）者，可減免、遞延或免繳資本利得稅。[34]

在法國，團結基金和影響力企業的投資者，可減免一八%的所得稅及五〇%的遺產稅；[35]葡萄牙是少數提供ＳＩＢ獎勵措施的國家之一；義大利則為投資小型社會企業的股權，提供二〇%至二五%的稅收減免；阿根廷為可再生能源和綠色債券的投資，提供稅務優惠。[36]

除了租稅減免外，支持性立法和法規也能讓不同投資團體，如退休基金和慈善捐贈基金等，有權進行影響力投資。比如，法國是退休基金界的佼佼者。該國在二〇〇一年，便立「九〇／一〇法則」為專法，並於二〇〇八年擴展到全國所有員工的退休金儲蓄計畫中。如今，每個退休金儲蓄計畫的第三方管理人都有義務提供九〇／一〇計畫，以便將接近一〇%的資產分配給未上市的社會企業，其餘九〇%則投資於遵循社會責任投資原則的上市公司。正如第三章所提到的，這些基金的日益普及，帶動了相關市場的成長。從二〇〇九年的十億歐元，增長到今日約一百億歐元，代表有超過一百萬名基金持有者進行投資。[37]

由於退休基金在全球持有大規模的資金，擬定退休基金管理制度當是政府的優先事項。就像法國的例子，退休金儲蓄者選擇符合自己價值觀的投資計畫（例如，能貢獻聯合國ＳＤＧｓ的投資組合），是很合理的。

還有很多工作要做。在當前的法律架構下，大多數法人純粹追求利潤，讓資金很難流入影響力計畫。但從我創立安佰深集團的經驗可知，一旦法規修改、打開市場，各種機會無窮。舉例來說，一九八一年，我們在歐洲的第一支基金成立，用於投資英國，而募集總額僅一千萬英鎊。[38]然而，在我從公司退休之前，我們的最後一支歐洲基金，在二〇〇二年共募集了五十億歐元，[39]之後更籌集到一百一十億歐元。

這就是金融市場的運作方式：新產品需要時間來站穩腳步，但一旦站穩腳步，它們就會呈指數級成長。安佰深集團的成長，受益於退休基金的監管環境變化、創業獎勵措施的建立，以及政府對創業家和創投的支持。同理，今日對影響力投資予以同樣的支持，將會創造更大的資本流動。

九、支持公益組織和目標導向型企業，刺激影響力投資需求

政府可以變更法規，來增加影響力投資的量能。此外，政府也能支持公益服務者和目標導向型企業的發展，以刺激影響力投資的需求。畢竟，這筆眾人希望釋出的大量資金，需要有所著落！針對那些培育目標導向型企業的孵化器和加速器，政府可以提供財務支持及指導，幫助那些企業為影響力投資做好準備，使他們能夠產生大規模的影響。

這就是為什麼英國政府在二〇一五年，成立普及基金會（Access Foundation），由大社會資本和大樂透基金（Big Lottery Fund）共同投資。這個資產規模一億英鎊的基金會，目的在於幫助處於早期階段的社會企業和公益組織，獲得發展資金。該基金會主要透過兩個計畫提供支持：一是成長基金，其為每個組織提供高達十五萬英鎊的足額貸款和捐贈資本；另一項則是能力建設計畫（capacity-building programs），使影響力組織「為

獲得投資做好準備」。[40]

法國政府也全力支持目標導向型企業的發展。二〇一六年，法國政府推出了規模一億歐元的投資基金NovESS，投入由公共和私人資本資助的影響力企業。而國立的社會創新加速器「法國影響力先鋒」（Pioneers French Impact）將在未來五年內獲得十億歐元，用於支持目標導向型企業的擴張。

在亞洲，韓國推出了新政策，包括成立韓國普惠金融局（Korea Inclusive Finance Agency），這是一家為解決社會問題的企業、提供貸款擔保的公共金融機構。自二〇一八年初以來，韓國中小企業振興中心（Small and Medium Business Corporation，SBC）一直在提供類似的貸款擔保。[41]此外，官方組織韓國社會企業振興院（Korea Social Enterprise Promotion Agency，KoSEA），則負責加速、推動社會企業的育成等計畫。[42]

在澳洲，儘管大部分的計畫規模有限，但澳洲政府也已採取措施，促進影響力投資市場的發展。二〇一一年，澳洲透過教育、就業與工作關係部（Department of Education, Employment, and Workplace Relations，DEEWR）推行了社會企業發展和投資基金（Social Enterprise Development and Investment Funds）計畫。[43]一開始先撥款兩千萬澳元，並結合兩千萬澳元的私募投資，以幫助社會企業擴張。[44]

二〇一七年，阿根廷生產和勞動部（Ministry of Production and Labour）成立豐德斯（Fondece）創投基金，預計在四年內向創投基金和育成中心投入一．七二億美元。此外，阿根廷環境部（Ministry of Environment）還推動國家永續發展創業家計畫（PROESUS），這是一個支持創業家、特別是從事永續發展的創業家的國家級計畫。

歐盟也投入支持社會創業。比方說，歐盟便發起了社會影響加速器（Social Impact Accelerator，SIA），這檔規模二．四三億歐元的基金，主要投資於支持歐洲社會企業的社會影響力基金。[45]

有些國家在定義新法律形式方面大有進展，就如同美國的B型企業一樣，讓影響力投資者更容易識別出合適的公司。舉例來說，義大利近期便改革社會部門，包括推動類似於美國B型企業的新經濟體，以及創建社會企業模式，讓目標導向型企業能夠被歸類為社會企業，從而開放私募投資進入社會部門。在法國，也有類似的法案上路，即《企業成長與轉型行動計畫法案》（Pacte Law）。該法使得新的公司形式——使命型公司（société à mission）應運而生，同時允許公司章程明載追求利潤以外的使命。[46]目前，阿根廷、巴西和以色列也在考慮引入類似法案。[47]

從今天起，我們能扭轉乾坤

社會大眾會關心納稅人的錢用往何處，以及他們退休金的投資方式。大家關心政府如何解決社區的社會和環境問題，範圍從學校、醫院、社會福利措施到環境保護不等。從全球的角度來看，我們現在充分體認到，迫在眉睫的全球氣候危機、環境遭到破壞對人類和社會的衝擊，以及不平等加劇對社會的災難性影響。

政府感受到民眾要求徹底變革的壓力，也知道他們需要採取緊急行動。十年前，我們不知道如何改革經濟體系；現在，所有工具都已備齊。正如二〇一九年OECD報告所述，在促進和培育影響力市場上，政府位居要角。比方說，政府能制定衡量和評鑑標準、開拓市場格局，以及提供投資者獎勵措施等。[48]即使在政治兩極化的時代，左派和右派也都能同意，我們必須利用市場力量、創業精神和創新能力，來實現更大的社會流動性、促成更公平的機會分配，並產生社會與經濟成果。

我們不能再單靠政府和慈善事業解決問題，而是要利用商業和投資的力量。正如同美國政府調整法規以因應新的風險思維、幫助創投事業成長，以及資助科技革命，今日政府也必須適應風險—報酬—影響力新思維，並利用監管力量加速其進程。而這一次，政府的收獲會更豐，因為影響力投資能使我們好好走上影響力經濟體的道路，用新的經濟模式，解決眼前的巨大挑戰。

支持全世界的影響力行動並不分黨派。例如，十年前的英國並不知道如何改善經濟體系。之後，在布萊爾和布朗的工黨政府領導下，社會投資的各方資源都已到位，並且在卡麥隆的保守黨政府領導期間，仍力行不輟。在美國，共和黨領袖如保羅・萊恩（Paul Ryan）和陶德・楊恩（Todd Young）與民主黨員約翰・德萊尼（John Delaney）等人共同合作，將一億美元納入美國預算，以資助SIB的成果支付款項。[49]

根據服務成果來付費，吸引了一些政治人物，因為這種做法能讓政府把錢花在刀口上、把重點放在社會效益。而其他人則受到諸如：藉金融市場來減少不平等、改善人民生活和保護地球等想法所吸引。無論你基於什麼意識型態採用影響力投資，最終都能徹底改變整個經濟體，推動生活和環境的重大改善。那些把握機會的政壇領導人，終將名留青史。因為他們帶領眾人走過歷史性的轉型，邁向更公平、更有效，且足以應對時代巨大挑戰的經濟體系。

拯救世界的終極解決方案

這個世界受到不安和不確定性的摧殘，導致許多政府一籌莫展、無所作為。然而現在，我們握有強大的解決方案，那就是：影響力，使政府能夠更迅速解決較大的問題。

我相信，在十年或二十年後，就會看到很大一部分的政府支出，採取按績效給付的方法，來實現社會效益。另一方面，政府也能吸引私部門資本，去資助那些付出熱情、去解決最緊迫挑戰的社福組織。理所當然地，依成果付費的計畫會帶來更好的結果，而那些無效的計畫則會無以為繼。

據此，政府會知道什麼有效，什麼無效，以及他們應該為成效付出多少經費。

最重要的是，各政府會發現，順著影響力投資的指引、邁向影響力經濟體，將符合他們的最大利益。

現在是時候，由政府試辦影響力投資計畫、逐步推動其大規模發展，並採取新的風險—報酬—影響力模式。而影響力革命要成功，需要達成三個近期目標。首先，公司和投資者廣泛採用影響力衡量指標；其次，創建強大的生態系統，把資金投入到影響力驅動型公司；最後，政府改採依成果付費的模式。

引用十九世紀西班牙詩人安東尼歐・馬恰多（Antonio Machado）的話：「地上本無路，路由人走出。」如今時機已然成熟，該由政府帶領我們走上影響力投資這條新路徑，邁向影響力經濟體和影響力資本主義。

影響力思維

- 打造影響力新世界！政府的九大任務：

一、要求各公司衡量自身影響力。
二、任命內閣層級的部長領導影響力政策。
三、公布社會問題的成本。
四、把介入措施的重點放在成果。
五、設立中央成果導向基金，促進更有效的服務。
六、將影響力投資納入國際發展援助。
七、釋出無人認領資產，建立「影響力資本批發商」。
八、藉由監管和激勵措施，增加影響力資本。
九、支持公益組織和目標導向型企業，刺激影響力投資需求。

Chapter

7

扭轉危機的影響力資本主義

想要終結數十億人的困境、不讓地球崩毀，
有賴於眾人即刻行動。

在全世界，資本主義和民主均受到強而有力的挑戰。而且，可以很明顯看出，目前的不平等程度無法持續。無論是在已開發國家還是新興國家，世界各地有許多人都在抗爭社會、經濟和環境等資源的分配不平等。

然而，在沒有協助的情況下，我們無法指望政府和慈善家能提出急需的解決方案。各國政府也逐漸意識到，自己不一定是救世主、能提出人民所需的創新解決方案。這解釋了為什麼會有影響力投資，因為它代表著改善經濟體系的未來發展計畫。影響力投資指出一條明路，通往用更公平的方式重新分配經濟、社會和環境成果。這是個利用自由市場和資本來成長的經濟體，但同時也幫助那些無法從日益繁榮的社會中，分到一杯羹的人。影響力投資預示著影響力革命，有望與之前的技術革命一樣，帶來創新和顛覆。

今日的不平等現象可能部分要歸因於政治，但主要仍是經濟體制的影響。兩百多年來，現有的資本主義推動了繁榮，使數十億人擺脫貧困，然而它不再實踐承諾，無法促使經濟普遍好轉，也難帶來社會進步。目前的資本制度造成太大的社會和環境衝擊，落得人類無計可施的窘境。

在早期的工業發展階段，政府可以處理工業化造成的環境影響。但如今衝擊規模太大，強大的新式解決方案勢在必行。在我看來，人類必須扭轉現有的資本主義制度，以系統性地改善社會和環境，從今日完全由利潤驅動的「自私資本主義」，轉變為未來由利潤和影響力一起驅動的「影響力資本主義」。

為了實現這個目標，我們必須激勵本書各章提到的五類利害關係人奮勇向前，而且每個人都各司其職，各安其位，以帶來真正的改變。那麼，在這趟影響力旅途中，我們得出什麼結論？

一、我們無法僅透過修補現有系統，來解決社會和環境挑戰。

二、我們需要將影響力與利潤帶到經濟體系的中心，以促使系統性的正面結果。

三、能夠可靠反映影響力的企業影響力加權會計帳目，將成為風險—報酬模式，和風險—報酬—影響力模式之間的分水嶺。

四、風險—報酬—影響力模式的投資報酬，至少與風險—報酬模式的投資報酬一樣好，而且可能更好。

五、正如科技帶來深遠的影響，風險—報酬—影響力思維也以同樣的方式，顛覆創業界、商業界、投資界、慈善事業和政府。

六、在年輕消費者、企業家和員工的推動下，風險—報酬—影響力思維也引發連鎖反應。這些人影響了投資者的行為，進而共同影響企業、慈善家和政府的行動。

七、影響力投資能帶領我們邁向影響力經濟體，因為大家開始衡量影響力、採用新的影響力衡量工具，如SIB、DIB和成果導向基金等，也催生出新組織如影響力資本批發商，還有影響力企業家。

八、影響力資本主義和支撐它的影響力經濟體終將降臨、並大獲成功，因為兩者體現了新興世代人民所擁抱的價值，他們深諳這是自己的未來所繫。

在過去，強而有力的新想法便曾引發劇烈的變革。比方說，十八世紀後期，盧梭撰寫《社會契約論》（*The Social Contract*）抨擊君權神授說，並認為應該由人民的普遍意志主導國家運作。他的著作激發了法國、美國和其他地方的政治改革和革命。由於建立了新的社會契約，民主能保護個人在政治領域的權利。而我們這代人面臨的挑戰，則是保護個人在社會和經濟領域的權利。

在盧梭向世界發表他的政治想法後，亞當・斯密在《國富論》中提出「市場中看不見的手」的理論。在他看來，「看不見的手」，喻指個人在自由市場經濟中依自身利益行事，創造了商品供需之間的平衡，而這種情況符合每個人的最佳利益。從此以後，他的思想一直掌握著經濟話語權。

事實上，亞當．斯密對於比《國富論》早十七年、在一七五九年出版的《道德情操論》的觀點更自豪。在這部較早完成的著作中，他試圖為人類行為提供道德和倫理的基礎，假設如下：「無論人們被認為有多麼自私，在天性中顯然都有一些原則，使他們對於他人的命運感到興趣，並認為對自己而言，他人的幸福不可或缺。儘管除了觀賞的樂趣外，他們沒有從中得到任何好處。」正是這一點，構成了「市場的無形之心」。

正如我在本書前言所寫的，如果亞當．斯密認為，現代人所謂的影響力是可以衡量的，他可能會將這兩部著作合而為一，描述單一的經濟體系。在該體系中，市場的無形之心引導著那雙看不見的手。

《國富論》引入新思想，幫助經濟體系從重商主義（認為國家應該靠貿易和積累黃金來增強國力），轉變為自由放任主義（國家干預經濟活動並不明智），這種情況一直持續到一九三〇年代。經濟大蕭條之後，凱因斯的新思想「管理型經濟」取而代之，即國家有責任改變公共支出、利率和稅收，以維持充分就業。

然後，隨著一九八〇年代，米爾頓・傅利曼（Milton Friedman）提出新自由主義、強烈主張政府不該干預商業，我們又回到自由放任主義。從一九八〇年代到二〇〇八年的金融危機，新自由主義思想大行其道。此後，我們看到新思想的出現，這次是關於影響力，以及企業必須意識到，他們對所有利害關係人都責無旁貸，而非僅受股東約束。

掌握一〇%關鍵，引爆影響力風潮

從歷史角度來看，這正是風險—報酬—影響力新思維契合發展所需之處。在影響力經濟體中，透過監管、立法和新規範，影響力能引導自由市場的發展，使市場更有力道去創造機會、減少不平等、為保護地球出一份力。一旦全球轉型為影響力經濟體，並依據風險─報酬─影響力思維，來做商業和投資決策，新的全球體系：影響力資本主義就能確立。

而自私資本主義和影響力資本主義間的分界，就是影響力加權會計帳目。該帳目能同時反映企業的影響力和財務表現。然而，即使採行相關制度，企業也必須展現其對影響力的承諾，才能夠蓬勃發展。然而，不管是企業家、投資者、商業領袖、慈善家、社會部門工作者還是政府要員，每個人應該採取什麼行動，才有助於引爆影響力革命？紐約倫斯勒理工學院（Rensselaer Polytechnic Institute）的科學家發現，如果一〇%的人堅信某事的真實性，最終大多數人都會接受此一信念。[1]

為了達到一〇%以上的引爆點，以下列出每個人能採取的行動：

投資者

誠如先前看到的，法規變化會大幅推動金融領域的發展。因此，我們必須大規模比照美國的模式。當時美國因法規變革，為基金會和退休基金的管理人打開影響力投資的大門，取得初步突破。

透過修法，開放退休基金向儲戶提出參與ＥＳＧ和影響力投資的機會，實能產生深遠的影響，也應該是我們的下一個目標。而做法之一，是世界各地能仿效法國的「九〇／一〇投資計畫」，制定新法規，其中九〇％的資金流向ＥＳＧ，一〇％的資金投入影響力投資。

照我看來，一旦有一百家著名的退休基金和基金會的永久運作基金在投資時，能不論資產類別、將投資組合的一〇％配置於影響力投資，就能啟動投資者的引爆點。為了實現此目標，我們需要搭上日益興起的一股風潮，即退休金繳納者呼籲，退休基金的投資要能發揮價值。

慈善家

正如我們所見，影響力投資顛覆了基金會的「僅限捐款」模式，迎接影響力慈善事業的到來。此外，基金會的領導人也必須以身作則，在永久運作基金的投資組合中配置影響力投資部位，投資世界各地的影響力基金，並在年度捐款計畫中，分配部分金額於成果導向基金中。

當五十個世界最重要的基金會，將永久運作基金的一〇%配置於影響力投資，並將他們捐款計畫的一〇%投入成果導向基金，就能達到引爆點、造成巨大改變。

由慈善家贊助的社福組織，面臨著成長挑戰。事實上，大多數的組織都沒有提供大規模服務的能力。然而，影響力投資的到來，促成了真正的變化。如今，世界各地非營利組織的領導者要做好調整，知道他們可以籌集到大量投資資本。但為了成功籌集資本，他們需要先招募合適人選，才能做好接受他人投資的準備。因此，他們需要慈善家的支持。

社福組織理當是這場革命的創業引擎之一。如果他們的領導人能夠開始思考，如何讓盡可能多的人受惠，並吸引必要的影響力投資助力，就能引爆社福界的思維革命。

當一百個知名的社福組織，其一〇%的經費是用在成果導向合約上，就能達到引爆點、促成重大變革。

創業家

儘管千禧世代是影響力革命的主要推動者之一，但在世界各地的許多角落，仍有許多年輕人未參與其中。我們必須推廣影響力創業，並且設法普及「影響力獨角獸企業」的概念，這意味著價值十億美元、同時改善十億人生活的公司。

一旦一〇%的新創企業將可衡量的影響力納入商業模式，並採用B型企業型態，就能引爆影響力創業風潮。

大企業

我們不應該認為大企業能引領影響力革命，就像科技革命並非由大公司如IBM所帶動。雖然IBM壟斷了電腦市場，它卻是在快被新的競爭者超越時，才認出新的契機。事實上，多數大企業加入影響力革命的主要原因，是來自於利害關係人的壓力。比方說，消費者選擇有正面效益的產品，加上股東和員工施壓，要求公司以影響力為導向。隨著時間過去，隨著目標驅動型企業激增，大企業只能跟進，不然就是等著被取代。當《財富雜誌》（*Fortune*）的全球五百大企業中，有五十家能衡量自身的影響力和財務表現，並設定可衡量的影響力目標時，就能觸發引爆點、促成重大改變。

政府

當政府有一〇%的分包契約支出（sub-contracted expenditure）和外援，是採取依成果付費模式，就能啟動各政府的引爆點。而該模式不僅能吸引外部投資，也可以提高政府支出的有效性。

正如我們所知，每個利害關係團體，都已經走在啟動引爆點、產生飛躍性變化的路上。事實上，影響力已成為主流話題。這也預示著，人類有望在未來五年內，加速達到引爆點，採用風險—報酬—影響力思維。而這個觀點也受到強化，因為有愈來愈多人認為，要補足二〇三〇年前、實現聯合國SDGs的三十兆美元資金缺口，影響力投資是唯一途徑。

讓改變成真的四十兆美元

就如第三章所提的，ESG和影響力投資池有三十一兆美元，此金額相當於全球可投資資產的一五%。

然而，在實現SDGs上，若要讓ESG資金池真有所作為，最好改採影響力投資。為此，我們必須能夠衡量和比較，不同公司對各種問題和解決之道，有何建樹。先前也提過，結合公司影響力與相關SDGs的影響力加權會計帳目，指日可待。若各國政府能明確表態，期待各公司於短期內，在財務帳目上報告他們量化的影響力。如此一來，便能激勵各公司密切關注自身影響力、奮力收集資料以衡量影響力，並促使他們拼盡全力，以發揮正面影響。

第三章有提到，在全世界各證券交易所掛牌的公司價值為七十五兆美

的世界上，影響力投資啟動了所需的連鎖反應。影響力投資證明了尋求正面效益，不代表就要犧牲利潤。相反地，這股影響力有助於提供更高的報酬率。事實上，對消費者、優秀員工和投資者來說，注重影響力的企業更具吸引力、成功的機會也更大。

其實，成就感源自利己和利他之間的平衡。而身為消費者、員工、企業家和投資者，我們創造正面影響的動機根源，來自於投身比自身更重要、且令人振奮的事物，那就是：幫助有需要的人、保護地球。

想像一個只向前發展的世界，那裡的不平等逐漸縮小、自然資源可再生、人民能充分發揮潛力，並從共享的繁榮中受益。而且，那個世界不會只著重在減少衝擊，更重視行善。不過其實，影響力已帶來改變。如今，投資者和企業愈來愈具社會和環境意識；影響力創業家獲得所需的影響力資本，能將改善生活的想法規模化；政府發現運用私部門創新技術的價值；慈善家則為落實的具體成果提供資金。

無論是如何工作、購物和投資，還是怎麼遊說政府，是時候大聲說出意見、做出發揮影響力的選擇。但是，零星干預的成效並不彰。相反地，我們需要系統性的變革。該是加速變革、提出更多要求的時刻了。

影響力思維是大勢所趨。讓我們超越今日的自私資本主義，推翻利潤的專政，讓影響力能與利潤平起平坐，發揮約束功能、不再以利潤至上，從而開創影響力資本主義的新時代。想要終結數十億人的困境、不讓地球崩毀，有賴於眾人即刻行動。有志者，事竟成。而且，沒有比現在需求更強烈或更適合的時機了。

影響力思維

- 在影響力經濟體中，透過監管、立法和新規範，影響力能引導自由市場的發展，使市場更有力道去創造機會、減少不平等、為保護地球出一份力。
- 為了達到一〇％以上的引爆點，投資者、慈善家、創業家、大企業、政府等五類利害關係人必須奮勇向前，眾人各司其職，各安其位，以帶來真正的改變。
- 影響力思維是大勢所趨。讓我們超越今日的自私資本主義，推翻利潤的專政，讓影響力能與利潤平起平坐，發揮約束功能、不再以利潤至上，從而開創影響力資本主義的新時代。

名詞解釋

加速器（Accelerator）

新創企業加速器透過教育、導師輔導和融資，支持處於草創時期的成長驅動型公司。

B型企業（Benefit Corporation）

B型企業是美國的法律形式。在該法律形式下，企業不用承擔利潤最大化的經營責任。相反地，它能同時尋求影響力，而不必擔心股東採取法律行動。B型企業沒有不惜一切代價、追求財務報酬最大化的傳統使命。因此，除了關注財務報酬外，B型企業還能夠做出反映員工、社區和環境利益的決策。

混合融資（Blended Finance）

混合融資指搭配使用慈善資金（或慈善資金等值工具），及私人和／或公共資金作為經費來源，以支付計畫的支出和／或維持其財務的持續運作。

天使投資人（Angel Investor）

天使投資人投資於小型新創企業或創業家。而天使投資人可能提供一次性資金，幫助企業起步，也可能持續注入資金，以支持和帶領公司度過艱難的早期階段。

發展金融機構（Development Finance Institution，DFI）

發展金融機構是專門的開發銀行，通常由國家政府所持有。發展金融機構投資於中低收入國家的私部門計畫，以創造就業機會、促進永續的經濟成長。

發展影響力債券（Development Impact Bond，DIB）

發展影響力債券就是新興國家的社會影響力債券。藉由DIB，基金會和援助組織得以與政府合作或代替政府介入，為成果支付費用。

休眠帳戶（Dormant Accounts）

休眠帳戶，也稱為無人認領資產，指所有者閒置多年的銀行戶頭或其他帳戶。

ESG

ESG指具有社會意識的投資者，用來篩選投資對象的「環境（environmental）、社會（social）和企業治理（governance）」標準。

其中，環境指標會評估各公司作為自然環境管理者的表現；社會指標則評估各公司如何管理與員工、供應商、客戶和營運所在地社區的關係；企業治理指標評估公司的領導力、高階主管薪酬、稽核和內部控制，以及股東權利。投資者若希望買入通過ESG篩選標準的證券，可以自對社會或環境負責的投資基金購得。

受託責任（Fiduciary Duty）

受託責任是描述兩方關係的法律術語，指其中一方負有義務，全然為另一方的利益行事。被指定為受託人的一方，對委託人負有法律責任，且須謹慎注意、確保受託人和委託人之間沒有利益衝突。

金融科技（Fintech）

金融科技，指金融界運用科技，設計新的金融產品和服務。

政府委託（Government Commissioning）

政府將社會服務事項外包，屬於政府採購範疇。

政府採購（Government Procurement）

政府向企業和社福組織簽訂採購契約，有償取得財貨和勞務。

綠色債券（Green Bond）

綠色債券和傳統債券一樣，本質上都是由包括個人在內的大量貸方，向公司提供貸款，用於資助一個或多個環境計畫。在綠色債券亮相後，後續也推出了藍色（海洋）、教育、社會和性別債券。

高淨值資產人士（High Net Worth Individuals）

高淨值資產人士是金融服務業使用的分類方式，指資產超過特定數字的個人或家庭。

影響力資本主義（Impact Capitalism）

影響力資本主義指的是，不單以利潤為導向，而是由影響力和利潤共同驅動的經濟體系，因此能系統性地改善社會和環境。此體系包含諸多影響力經濟體，在其中，透過支持性監管、立法，以及影響力衡量制度的普及，影響力能引導自由市場發揮正面影響。與當今的「自私資本主義」不同，影響力資本主義使市場更有力道去創造機會、減少不平等，並為保護地球出一份力。

影響力經濟體（Impact Economy）

影響力經濟體會衡量所有經濟活動的社會和環境影響力。而且，影響力衡量也會是政府、企業、投資和消費決策的關鍵。

影響力投資（Impact Investment）

影響力投資有強烈意願實現正面的社會和環境成果，並且會衡量相關成果和財務報酬。此外，影響力投資在兩個方面比ＥＳＧ投資更進一步發揮威力：第一，它的目標不僅在避免負面衝擊，更要創造正面影響；其次，它衡量產生的影響。

影響力投資生態系統（Impact Investment Ecosystem）

影響力投資生態系統由五大基石組成，分別是：影響力資本供應者、中介機構、影響力資本需求者如社福組織和目標導向型企業、政策和法規，以及影響力市場創建者，像是影響力批發商、社會投資銀行、顧問公司以及會計師事務所等。該生態系統會推動所有影響力相互作用，激發正面的社會和環境影響。

影響力投資批發商（Impact Investment Wholesalers）

影響力投資批發商致力為人類和地球創造可衡量的影響。他們擁有龐大的資金池，而資金來源有時為無人認領資產，能為影響力基金、中介機構和社會企業挹注經費。影響力投資批發商推動了影響力投資市場的發展，在影響力投資對象籌不到資金時進行投資。

影響力衡量（Impact Measurement）

為使成效最大化，對社會和環境成果進行量測。

影響力加權會計帳目（Impact-Weighted Accounts）

這種財務帳目（損益表和資產負債表）既反映公司的財務業績，也能看出公司的產品、勞雇和營運，對人類和地球的影響。

孵化器（Incubator）

孵化器是項協作計畫，幫助新創企業拓展業務。孵化器可能會提供辦公空間、種子資金、專業指導和培訓等，來協助新創公司解決各種經營問題。

法人（Institutional Investors）

法人（或稱機構投資人）是代表客戶進行投資的組織，例如退休基金或保險公司。

中介機構（Intermediary）

從影響力投資方籌集資金的實體（例如基金），並將該資金投資於目標導向型企業和公益組織。另一方面，即使沒有實際管理資金，中介機構也能協助處理投資事宜並提供建議（比如影響力投資顧問或券商）。

使命相關投資（Mission-Related Investment，MRI）

不同於專案相關投資，使命相關投資的資金來源是基金會占比九五％的永久運作基金，負責持有和管理基金會資產，而非每年捐贈出去的五％永久運作基金。此外，除了追求財務報酬，ＭＲＩ也會兼顧社會／環境影響。

成果導向合約（Outcomes-based Contract）

成果導向合約會按績效付費。因此，公共或慈善服務的提供者的報酬，取決於計畫的成效。由於只在特定結果實現時才付款，成果導向合約有望能增進執行效率。

成果導向基金（Outcomes Fund）

成果導向基金是慈善基金，專門為ＳＩＢ、ＤＩＢ取得的成效，或其他成果導向合約的計畫結果付款。該基金可以由政府或獨立的成果導向基金經理人，來成立及管理。而基金捐助者可以是政府、援助組織、慈善基金會，或三者兼具。

依成果付費（Pay-for-Outcomes）

依成果付費的執行方式是，在公共或慈善服務提供者的計畫馬到成功時才付款。依成果付費，也稱為按績效付費，通常用於描述如SIB和DIB之類的證券。

責任投資原則（Principles of Responsible Investment，PRIs）

聯合國發起的責任投資原則共有六條，為與ESG相關的責任投資，提供一套全球的衡量標準。而各機構也遵循這些原則以履行對委託人的承諾，並使投資活動與更廣泛的社會利益相符。

專案相關投資（Program-related Investment，PRI）

基金會為了支持有潛在資本報酬的公益活動，而進行的投資。專案相關投資包括提供貸款、貸款擔保、掛鉤存款（linked deposits）、SIB和DIB，甚至包含對公益組織或目標導向型企業的股權投資。由於深具慈善意義、但財務風險高，根據美國法規，這類投資有資格作為捐款，計入每年必須捐贈的五%永久運作基金中。

公私部門合夥（Public-private Partnerships）

政府機構和私人企業的公私部門合夥，可用於資助、打造和執行各種計畫，諸如大眾運輸網、公園和會議中心等。舉例來說，SIB和DIB便採取公私部門合夥方式運作，政府為成果付費，私部門投資者則提供前期資金。

散戶（Retail Investors）

散戶（或稱個人投資者），指透過傳統或線上券商買賣證券或基金的非專業投資人。

社會影響力債券（Social Impact Bond，SIB）

美國稱ＳＩＢ為按績效給付債券，澳洲稱為社會福利債券，法國則稱為社會影響力合約，而非傳統意義的「債券」。而ＳＩＢ是「成果付款者」和實現社會或環境效益的社福組織，兩方之間的成果導向合約。之後，再由投資者提供服務所需要的資金。如果成效不如合約中所預想的，投資者就會虧本，但實際上是進行慈善捐贈。另一方面，如果目標實現，投資者就能收回資金，並獲得與實現程度相應的報酬。

團結基金（法國）（Solidarity Fund〔France〕）

員工超過五十人的公司，有義務向員工提供除了定期儲蓄計畫外的非強制團結儲蓄基金。此基金將資產的五％至一〇％配置於符合條件的（未上市）社會企業，其餘則用於ＥＳＧ投資。

永續發展目標（Sustainable Development Goals，SDGs）

為了讓世界變得更好，二〇一五年，聯合國宣布了ＳＤＧｓ，指引全球打造更公正和永續的未來。在二〇三〇年前，ＳＤＧｓ旨在達成十七項不同領域的目標，包括終結貧困、消除飢餓、人人享有水和能源、確保有教無類、公平以及高品質的教育、環境保育和人權保護等。

無人認領資產（Unclaimed Assets）

無人認領資產，或稱為休眠帳戶，指所有者閒置多年的金錢、投資或保單。

創業投資（Venture Capital）

專門投資年輕的高成長型公司，為這類公司的創業和成長挹注資金。

資料來源

根據根據GSG報告的名詞解釋：

《促進影響力投資生態系統：政策制定者的工具箱》（*Catalysing an Impact Investment Ecosystem: A Policymaker's Toolkit*），二〇一九年一月。

https://gsgii.org/reports/catalysing-an-impact-investmentecosystem-a-policymakers-toolkit

注釋

前言　鼓舞市場資本，解決永續挑戰

1. https://www.ubs.com/global/en/wealth-management/uhnw/philanthropy/shaping-philanthropy.html and https://cpl.hks.harvard.edu/global-philanthropy-report-perspectivesglobal-financial-sector
2. https://www.academia.edu/32113970/IMPACT_INVESTMENT_THE_INVISIBLE_HEART_OF_MARKETS_Harnessing_the_power_of_entrepreneurship_innovation_and_capital_for_public_good
3. https://ssir.org/articles/entry/should_you_agitate_innovate_or_orchestrate

1　改變世界的奇蹟革命

1. http://www.socialvalueuk.org/what-is-social-value/
2. https://www.forbes.com/top-public-companies/list/

3. http://www.bridgesfundmanagement.com/wp-content/uploads/2017/12/Bridges-Annual-Impact-Report-2017-v1-web.pdf and http://www.bridgesfundmanagement.com/bridgesannual-impact-report-2017/
4. 因所有者閒置多年，而處於休眠狀態的銀行帳戶。
5. http://www.telegraph.co.uk/news/uknews/law-and-order/8110458/Three-in-four-offenders-stick-to-a-life-of-crime.html
6. https://data.ncvo.org.uk/a/almanac15/assets/
7. http://data.foundationcenter.org/
8. https://www.fnlondon.com/articles/why-sir-ronald-cohen-deserves-the-nobel-peace-prize-20170801
9. https://www.brookings.edu/research/impact-bonds-in-developing-countries-early-learnings-from-the-field/ and https://www.gov.uk/guidance/social-impact-bonds#uk-government-outcomes-funds-for-sibs
10. https://www.wired.com/2015/03/opinion-us-embassy-beijing-tweeted-clear-air/
11. http://eprints.lse.ac.uk/65393/1/Assessing%20social%20impact%20assessment%20methods%20report%20-%20 final.pdf

12. https://www.gov.uk/guidance/social-impact-bonds
13. http://www.globalvaluexchange.org/
14. http://www.globalvaluexchange.org/valuations/8279e41d9e5e0bd8499f2da3
15. https://www.unpri.org/signatories/signatory-directory
16. https://www.blackrock.com/hk/en/insights/larry-fink-ceo-letter

2 影響力創業時代

1. 這個開場故事取自：Aryn Baker's 'Zipline's Drones Are Saving Lives', 31 May 2018 http://time.com/longform/ziplines-drones-are-saving-lives/。
2. https://pando.com/2016/11/10/zipline/
3. 同上。
4. 同上。
5. 同上。
6. https://www.modernghana.com/news/899872/from-muhanga-to-the-rest-of-rwanda-how-zipline-is-providing.html
7. https://dronelife.com/2018/04/04/zipline-announces-new-drones/

8. 同上。
9. https://techcrunch.com/2019/05/17/ziplines-new-190-million-funding-means-its-the-newest-billion-dollar-contender-in-the-game-of-drones/
10. 同上。
11. 同上。
12. https://www.mirror.co.uk/tech/hi-tech-specs-allow-blind-7756188
13. https://www.orcam.com/en/media/blind-veteran-reads-to-his-sons-using-orcams-technology/
14. https://www.devdiscourse.com/article/international/473713-blind-and-visually-impaired-cast-their-ballots-unassisted-in-israel-election
15. https://www.ft.com/content/3d091920-0970-11e7-ac5a-903b21361b43
16. https://www.ft.com/content/b93ab27a-07e4-11e7-97d1-5e720a26771b
17. https://www.irishtimes.com/business/innovation/myeye-a-glimpse-of-the-future-for-visually-impaired-1.3380963
18. https://pressreleases.responsesource.com/news/96779/visually-impaired-student-is-achieving-independence-with-cutting-edge-artificial-vision/

19. https://www.reuters.com/article/us-tech-orcam-valuation/israeli-visual-aid-company-orcam-valued-at-1-billion-idUSKCN1G326E
20. 同上。
21. https://www.news.com.au/technology/gadgets/wearables/the-breakthrough-of-the-21st-century-how-this-product-changed-a-blind-womans-life/news-story/74f9881ed0f6f87a8797842bd982d1da
22. https://www.eastersealstech.com/2019/01/04/atu397-carlos-pereira-founder-and-ceo-of-livox/
23. https://solve.mit.edu/challenges/teachers-and-educators/solutions/4677
24. https://www.weforum.org/agenda/2018/01/this-man-made-an-app-so-he-could-give-his-daughter-a-voice/
25. 同上。
26. https://www.youtube.com/watch?v=MrpL6SrfgA8
27. https://solve.mit.edu/challenges/teachers-and-educators/solutions/4677
28. https://www.schwabfound.org/awardees/carlos-edmar-pereira
29. https://www.forbes.com/companies/tala/?list=fintech/#64ca4ec84c4d

30. https://www.fastcompany.com/40528750/these-entrepreneurs-are-taking-back-your-credit-score-from-the-big-credit-bureaus
31. 同上。
32. https://techcrunch.com/2018/04/18/with-loans-of-just-10-this-startup-has-built-a-financial-services-powerhouse-in-emerging-markets/
33. https://www.forbes.com/companies/tala/?list=fintech/#64ca4ec84c4d
34. https://www.forbes.com/sites/forbestreptalks/2016/08/29/how-tala-mobile-is-using-phone-data-to-revolutionize-microfinance/#1f8f38f82a9f
35. https://www.fastcompany.com/40528750/these-entrepreneurs-are-taking-back-your-credit-score-from-the-big-credit-bureaus and https://www.forbes.com/sites/forbestreptalks/2016/08/29/how-tala-mobile-is-using-phone-data-to-revolutionize-microfinance/#1f8f38f82a9f
36. https://static1.squarespace.com/static/57687604579fb3ab71469c8f/t/5bdc851b21c67c47f9f9a802/1541178690584/Tala+Impact+Report+-+11.18.pdf
37. https://www.forbes.com/sites/forbestreptalks/2016/08/29/how-tala-mobile-is-using-phone-data-to-revolutionize-microfinance/#1f8f38f82a9f

38. https://www.devex.com/news/a-look-at-digital-credit-in-kenya-and-why-access-alone-is-not-enough-93748
39. https://static1.squarespace.com/static/57687604579fb3ab71469c8f/t/5bdc851b21c67c47f9f9a802/1541178690584/Tala+Impact+Report+-+11.18.pdf
40. https://tala-mobile.squarespace.com/series-c-release
41. https://www.reuters.com/article/us-paypal-tala/paypal-backs-emerging-markets-lender-tala-idUSKCN1MW1MT
42. https://medium.com/tala/with-65m-tala-goes-global-q-a-with-shivani-siroya-founder-ceo-and-female-founders-fund-5c4d0699f350
43. https://academic.oup.com/bioscience/article/67/4/386/3016049
44. https://www.theguardian.com/news/2018/mar/26/the-human-microbiome-why-our-microbes-could-be-key-to-our-health
45. https://www.youtube.com/watch?v=f_P1uoV8R6Q
46. https://www.indigoag.com/product-performance-data
47. https://agfundernews.com/breaking-indigo-raises-250m-series-e-adding-grain-marketplace-to-farm-services-platform.html

48. https://www.youtube.com/watch?v=f_P1uoV8R6Q
49. 同上。
50. https://www.reuters.com/article/nigeria-unemployment-idUSL5N10T29Q20150902
51. https://www.techcityng.com/tolu-komolafe-andela-superwoman/
52. https://africacheck.org/reports/nigerias-unemployment-rate-18-8-widely-tweeted/
53. https://www.nytimes.com/2017/10/10/business/andela-start-up-coding-africa.html
54. https://www.cnn.com/videos/tv/2016/11/01/exp-gps-1030-andela-interview.cnn
55. https://medium.com/the-andela-way/hello-world-class-completing-the-andela-fellowship-ace88447d27e
56. https://borgenproject.org/tag/tolulope-komolafe/
57. https://venturebeat.com/2019/02/11/andela-will-use-ai-to-pair-african-developers-with-high-growth-startups/
58. https://www.bloomberg.com/news/articles/2019-01-23/al-gore-s-firm-leads-100-million-round-in-african-startup-andela
59. https://www.newyorker.com/magazine/2015/07/20/new-guys
60. https://www.ozy.com/rising-stars/if-she-has-her-way-the-next-bill-gates-will-come-from-

lagos/71949

61. https://techcrunch.com/video/andelas-christina-sass-on-growing-tech-talent-in-africa/
62. https://techcrunch.com/video/andelas-christina-sass-on-growing-tech-talent-in-africa/
63. https://www.forbes.com/sites/forbestreptalks/2018/01/12/andela-aims-to-solve-the-developer-shortage-with-tech-workers-from-africa/#45b9af91764e
64. https://techcrunch.com/video/andelas-christina-sass-on-growing-tech-talent-in-africa/
65. https://techmoran.com/2015/06/25/spark-capital-makes-first-african-investmentleads-series-a-funding-for-andela/
66. https://techcrunch.com/video/andelas-christina-sass-on-growing-tech-talent-in-africa/
67. https://www.prnewswire.com/news-releases/andela-raises-40m-to-connect-africas-engineering-talent-with-global-technology-companies-300533747.html
68. https://www.economist.com/special-report/2017/11/09/technology-may-help-compensate-for-africas-lack-of-manufacturing
69. https://www.bloomberg.com/news/articles/2019-01-23/al-gore-s-firm-leads-100-million-round-in-african-startup-andela
70. https://lifestyle.thecable.ng/tolu-komolafe-andela-programming/

71. https://www.washingtonpost.com/news/parenting/wp/2017/03/09/reading-writing-and-hunger-more-than-13-million-kids-in-this-country-go-to-school-hungry/
72. https://www.nytimes.com/2010/01/24/us/24sfpolitics.html?_r=0
73. https://www.washingtonpost.com/news/parenting/wp/2017/03/09/reading-writing-and-hunger-more-than-13-million-kids-in-this-country-go-to-school-hungry/
74. https://www.cdc.gov/features/school-lunch-week/index.html
75. https://www.nytimes.com/2012/09/30/jobs/revolution-foods-chief-on-healthier-school-meals.html
76. https://www.bostonglobe.com/metro/2017/07/23/fresh-start-for-boston-school-lunches/zt6N1DO2yFC5UwH2x0H1lM/story.html
77. https://www.fastcompany.com/3039619/revolution-foods
78. https://www.nytimes.com/2012/09/30/jobs/revolution-foods-chief-on-healthier-school-meals.html
79. http://time.com/2822774/revolution-foods-steve-case/
80. https://medium.com/kid-tech-by-collab-sesame/how-revolution-foods-is-democratizing-healthy-living-to-set-kids-up-for-success-b5184973e3e4

81. http://time.com/2822774/revolution-foods-steve-case/
82. 同上。
83. https://www.fastcompany.com/3039619/revolution-foods
84. https://www.crunchbase.com/organization/revolution-foods
85. https://www.bizjournals.com/sanfrancisco/news/2019/01/10/can-healthy-school-lunches-be-a-1-billion-idea.html
86. https://www.revolutionfoods.com/blog/being-a-b-corp-qa-with-co-founder-kirsten-tobey/
87. https://medium.com/kid-tech-by-collab-sesame/how-revolution-foods-is-democratizing-healthy-living-to-set-kids-up-for-success-b5184973e3e4
88. https://medium.com/kid-tech-by-collab-sesame/how-revolution-foods-is-democratizing-healthy-living-to-set-kids-up-for-success-b5184973e3e4
89. https://bridgesisrael.com/nazid-impact-food/
90. https://www.marketwatch.com/story/this-startup-seeks-to-identify-water-problems-before-they-become-crises-2019-03-22
91. 同上。
92. https://www.environmentalleader.com/2019/03/179490/

93. https://bombas.com/pages/about-us
94. https://www.elvisandkresse.com/pages/about-us-2
95. https://www.businessinsider.com/london-handbag-fire-hoses-recycled-fashion-accessories-sustainability-2019-5
96. 同上。
97. 同上。
98. https://www.bloomberg.com/news/articles/2019–04-17/tesla-s-first-impact-report-puts-hard-number-on-co2- emissions
99. https://thenextweb.com/cars/2018/06/05/this-indian-startup-is-taking-a-shot-at-becoming-the-tesla-of-electric-two-wheelers/
100. https://www.wsj.com/articles/the-fast-and-the-financed-chinas-well-funded-auto-startups-race-to-overtake-tesla-1513498338
101. https://www.bcorporation.net/what-are-b-corps
102. 更多例子請見：http://benefitcorp.net/faq。
103. https://www.triplepundit.com/2014/03/emerging-legal-forms-allow-social-entrepreneurs-blend-mission-profits/

104. http://benefitcorp.net/policymakers/state-by-state-status
105. https://assets.publishing.service.gov.uk/government/uploads/system/uploads/attachment_data/file/727053/cic-18-6-community-interest-companies-annual-report-2017-2018.pdf and https://www.gov.uk/government/publications/cic-regulator-annual-report-2017-to-2018
106. https://www.ashoka.org/en-IL/about-ashoka
107. http://www.echoinggreen.org/about/
108. https://endeavor.org/global-board/linda-rottenberg/

3 創造共好的影響力投資

1. http://www.gsi-alliance.org/wp-content/uploads/2019/03/ GSIR_Review2018.3.28.pdf
2. https://www.climatebonds.net/2019/10/green-bond-issuance-tops-200bn-milestone-new-global-record-green- finance-latest-climate
3. https://www.climatebonds.net/files/reports/2019_annual_highlights-final.pdf
4. https://thegiin.org/assets/Sizing%20the%20Impact%20Investing%20Market_webfile.pdf
5. https://www.investopedia.com/advisor-network/articles/social-returns-just-important-

millennial-investors/ and https://onwallstreet.financial-planning.com/news/millennials-want-their-investing-to-make-a-difference.（二〇一六年的研究。）

6. http://www.businessinsider.com/meet-blackrocks-impact-investing-team-2016–6
7. https://www.theatlantic.com/business/archive/2017/11/resource-generation-philanthropy/546350/
8. https://www.theguardian.com/business/2019/dec/02/directors-climate-disclosures-tci-hedge-fund
9. http://people.stern.nyu.edu/adamodar/pdfiles/valrisk/ch4.pdf (p.8–12)
10. https://www.ifc.org/wps/wcm/connect/76e6607a-11a4-4ae8-a36c-7116b3d9dab3/Impactprinciples_booklet_FINAL_web_4-12-19.pdf?MOD=AJPERES
11. https://www.impactprinciples.org/signatories-reporting（截至二〇一九年十一月。）
12. https://www.forbes.com/sites/bhaktimirchandani/2019/04/12/what-you-need-to-know-about-the-ifcs-operating-principles-for-impact-management/#7da3fd3126b7
13. https://www.ubs.com/global/en/wealth-management/uhnw/philanthropy/shaping-philanthropy.html and https://cpl.hks.harvard.edu/global-philanthropy-report-perspectives-global-financial-sector

14. https://www.willistowerswatson.com/en-CA/insights/2019/02/global-pension-assets-study-2019
15. https://bigsocietycapital.fra1.cdn.digitaloceanspaces.com/media/documents/Pensions_with_Purpose_Final.pdf and https://bigsocietycapital.com/latest/pensions-purpose/
16. https://www.top1000funds.com/analysis/2017/02/01/pggm-apg-lead-dutch-sustainability-push/
17. https://www.apg.nl/en/who-is-apg（截至二〇一九年四月。）
18. https://www.sdgi-nl.org
19. https://news.impactalpha.com/dutch-pension-fund-moves-from-impact-alignment-to-impact-management-da2cab1c91c5
20. https://www.top1000funds.com/analysis/2017/02/01/pggm-apg-lead-dutch-sustainability-push/ and https://www.top1000funds.com/analysis/2017/08/17/dutch-pension-funds-embrace-un-goals/
21. https://news.impactalpha.com/dutch-pension-fund-moves-from-impact-alignment-to-impact-management-da2cab1c91c5
22. https://www.ipe.com/countries/netherlands/engineering-scheme-introduces-real-assets-

portfolio-targeting-25bn10031069.fullarticle

23. http://impactalpha.com/global-goals-european-pension-funds/
24. https://www.ipe.com/countries/netherlands/europes-biggest-pension-fund-to-cut-33bn-of-tobacco-nuclear-assets/10022647.article and https://www.ipe.com/countries/netherlands/pgb-to-ditch-tobacco-from-its-investment-universe/10021218.article
25. https://www.ipe.com/news/esg/uks-nest-adopts-climate-aware-fund-for-default-strategy/10017699.article
26. https://www.top1000funds.com/2016/12/hsbc-pensions-innovative-dc-offering/
27. https://www.ipe.com/pensions/investors/how-we-run-our-money-hsbc-uk-pension-scheme/10020454.article
28. https://pressroom.vanguard.com/nonindexed/HAS18_062018.pdf
29. https://evpa.eu.com/uploads/documents/FR-Nugget-90-10-Funds.pdf
30. https://thephilanthropist.ca/2018/07/more-than-a-million-french-using-their-savings-for-social-good-a-novel-approach-to-impact-investing-in-france/
31. http://www.smf.co.uk/wp-content/uploads/2015/09/Social-Market-FoundationSMF-BSC-030915-Good-Pensions-Introducing-social-pension-funds-to-the-UK-FINAL.pdf

32. https://www.calpers.ca.gov/docs/forms-publications/facts-about.pdf
33. https://www.calpers.ca.gov/page/investments
34. https://www.prnewswire.com/news-releases/assets-of-the-1000-largest-us-retirement-plans-hit-record-level-300402401.html
35. https://www.businessinsider.co.za/climate-action-100-gets-energy-giants-to-commit-to-sustainbility-2019-5
36. https://www.calstrs.com/investments-overview
37. https://www.calstrs.com/sites/main/files/file-attachments/calstrs_21_risk_factors.pdf
38. https://hbr.org/2018/01/why-an-activist-hedge-fund-cares-whether-apples-devices-are-bad-for-kids
39. https://www.ai-cio.com/news/japans-government-pension-fund-returns-4-61--fiscal-q3
40. https://www.youtube.com/watch?v=lz26q6fZ6dk（二〇一九年五月。）
41. https://www.reuters.com/article/us-japan-gpif-esg/japans-gpif-expects-to-raise-esg-allocations-to-10-percent-ftse-russell-ceo-idUSKBN19Z11Y
42. http://www.ftserussell.com/files/press-releases/worlds-largest-pension-fund-selects-new-ftse-russell-index-integrate-esg

43. https://www.msci.com/documents/10199/60420eeb-5c4e-4293-b378-feab6a2bf77f
44. https://www.verdict.co.uk/private-banker-international/news/exclusive-ubs-tops-2016-global-private-wealth-managers-aum-ranking/
45. https://www.businessinsider.com/ubs-impact-fund-investing-in-bono-2017-7
46. https://citywireamericas.com/news/ubs-wm-americas-appoints-head-of-sustainable-investing/a1005975
47. https://www.ubs.com/global/en/investor-relations/financial-information/annual-reporting/2018.html
48. https://www.ubs.com/global/en/wealth-management/chief-investment-office/investment-opportunities/sustainable-investing/2017/breaking-down-barriers-private-wealth-fund-sdgs.html
49. https://align17.com/
50. https://www.devex.com/news/usaid-announces-a-new-development-impact-bond-91621
51. https://www.thirdsector.co.uk/british-asian-trust-announces-worlds-largest-impact-bond-education/finance/article/1492576
52. https://www.frbsf.org/community-development/files/rikers-island-first-social-impact-

bond-united-states.pdf

53. https://www.goldmansachs.com/media-relations/press-releases/current/gsam-announcement-7-13-15.html
54. https://www.fa-mag.com/news/goldman-says-esg-investing-has-gone-mainstream-35138.html?mod=article_inline
55. https://www.bloomberg.com/news/articles/2020-02-26/carlyle-breaks-from-pack-promising-impact-investing-across-firm
56. http://www.campdenfb.com/article/growth-millennial-driven-impact-investing-new-global-family-office-report-2017
57. https://www.morganstanley.com/articles/investing-with- impact
58. https://www.businesswire.com/news/home/20170613005829/en/Morgan-Stanley-Launches-Sustainable-Investing- Education-Financial
59. https://www.ft.com/content/f66b2a9e-d53d-11e8-a854-33d6f82e62f8
60. https://www.generationim.com/generation-philosophy/#vision
61. https://www.triodos-im.com/
62. https://www.crunchbase.com/organization/triodos-investment-management

63. https://www.triodos-im.com/articles/2018/credo-bank-in-georgia
64. https://www.triodos-im.com/articles/projects/do-it
65. 舊名「橋創投」（Bridges Ventures）。
66. https://www.bridgesfundmanagement.com/wp-content/uploads/2019/07/Bridges-Impact-Report-2019-web-print-3.pdf
67. https://www.linkedin.com/company/bridgesfundmanagement/?originalSubdomain=il
68. https://www.bridgesfundmanagement.com/our-story/
69. http://www.leapfroginvest.com/
70. http://www.dblpartners.vc/about/
71. https://www.crunchbase.com/organization/social-capital
72. http://www.aavishkaar.in/about-us.php#our-company

4 永續當道！打造影響力新商模

1. https://www.reuters.com/article/us-danone-outlook-ceo/danone-looks-to-ride-healthy-food-revolution-wave-idUSKBN19D1GA
2. https://www.youtube.com/watch?v=PhuEtyH6SK43

3. https://www.just-food.com/interview/danone-ceo-emmanuelfaber-on-why-industry-mindset-on-health-and-sustainabilityneeds-to-change-just-food-interview-part-one_id137124.aspx https://www.youtube.com/watch?v=PhuEty H6SK4`
4. 同上。
5. 同上。
6. https://www.economist.com/business/2018/08/09/danone-rethinks-the-idea-of-the-firm
7. https://www.businessroundtable.org/business-roundtable-redefines-the-purpose-of-a-corporation-to-promote-an-economy-that-serves-all-americans
8. https://www.businessroundtable.org/about-us
9. https://www.oecd.org/inclusive-growth/businessforinclusivegrowth/
10. https://www.oecd.org/newsroom/top-global-firms-commit-to-tackling-inequality-by-joining-business-for-inclusive-growth-coalition.htm
11. https://www.unilever.com/sustainable-living/reducingenvironmental-impact/greenhouse-gases/innovating-to-reducegreenhouse-gases/#244-
12. http://www.buycott.com/
13. https://www.globalcitizen.org/en/content/buycott-consciousconsumer-app-of-the-week/

14. http://www.buycott.com/faq
15. http://www.mtv.com/news/2682766/buycott-app-wheregroceries-come-from/
16. https://www.accenture.com/t20181205T121039Z__w__/us- en/_acnmedia/Thought-Leadership-Assets/PDF/Accenture-CompetitiveAgility-GCPR-POV.pdf#zoom=50
17. https://www.theguardian.com/society/2017/may/17/coca-cola-says-sugar-cuts-have-not-harmedsales
18. https://www.confectionerynews.com/Article/2018/05/18/Nestle-to-cut-more-sugar-and-salt-in-packaged-foods
19. https://www.just-food.com/news/mars-launches-healthysnacks-goodnessknows_id130089.aspx
20. https://www.foodbev.com/news/mars-buys-minoritystake-kind-response-healthier-snacking/
21. 截至二〇一八年，在以下國家有售：英國、愛爾蘭、德國、法國、荷蘭、瑞士、巴西、阿根廷跟烏拉圭。
22. 同上。
23. https://www.nestle.com/csv/impact/environment

24. https://www.environmentalleader.com/2009/05/new-dasani-bottle-made-partially-of-plant-material/
25. https://www.environmentalleader.com/2015/06/coca-colaproduces-worlds-first-100-plant-basedpet-bottle/
26. https://globenewswire.com/news-release/2016/05/31/844530/0/en/Bio-Based-Polyethylene-Terephthalate-PET-Market-size-over-13-Billion-by-2023-Global-Market-Insights-Inc.html
27. https://www.accenture.com/t20181205T121039Z__w__/us-en/_acnmedia/Thought-Leadership-Assets/PDF/Accenture-CompetitiveAgility-GCPR-POV.pdf#zoom=50
28. https://www.forbes.com/sites/andersonantunes/2014/12/16/brazils-natura-the-largest-cosmetics-maker-in-latin-america-becomes-a-b-corp/#7d0114c125a2
29. http://www.conecomm.com/research-blog/2016-millennial-employee-engagement-study
30. 同上，以及：http://millennialemployeeengagement.com/。研究方法：二〇一六年，柯恩通訊公司千禧世代員工敬業度研究公布了線上調查結果。該調查由 Toluna 問卷平台於二〇一六年的四月十一日至二十日執行，隨機抽取一千零二十位、任職於員工數超過一千人公司的成年人，其中男女各五百一十位，年齡均在二十歲以上。在九五%的信心水準下，該樣本大小的誤差範圍為正負三%。

31. https://hbr.org/2011/01/the-big-idea-creating-shared-value
32. https://www.sharedvalue.org/about-shared-value
33. https://www.huffpost.com/entry/the-big-idea-creating-sha_b_815696
34. https://money.cnn.com/magazines/fortune/fortune_archive/2007/02/19/8400261/index.htm
35. 同上。
36. Laura Michelini, 'Social Innovation and New Business Models: Creating Shared Value in Low-Income Markets', *Print*, 2012, p.71
37. https://www.bloomberg.com/news/articles/2008–04-28/danone-innovates-to-help-feed-the-poorbusinessweek-business-news-stock-market-and-financial-advice
38. http://content.time.com/time/magazine/article/0,9171, 2010077,00.html
39. 同上。
40. Carol Matlack, 'Danone Innovates to Help Feed the Poor', *BusinessWeek Online*, 23 April 2008,http://search.ebscohost.com.ezp-prod1.hul.harvard.edu/login.aspx?direct=true&db=h eh&AN=31863578&site=ehost-live&scope=site

41. http://content.time.com/time/magazine/article/0,9171, 2010077,00.html
42. http://www.danonecommunities.com/index.php/portfolio_ page/grameen-damone-food-limited/
43. https://www.ncbi.nlm.nih.gov/pmc/articles/PMC3671231/ 根據美國約翰霍普金斯大學彭博公共衛生學院（Johns Hopkins Bloomberg School of Public Health），於二〇〇八年至二〇一一年執行的研究。
44. http://content.time.com/time/magazine/article/0,9171, 2010077,00.html
45. http://www.danonecommunities.com/
46. http://www.danonecommunities.com/index.php/alleviate-poverty-fr/
47. http://www.livelihoods.eu/es/about-us/
48. 同上。
49. 同上。
50. https://vimeo.com/36737411
51. 同上。
52. 同上。
53. https://www.fastcompany.com/40557647/this-food-giant-is-now-the-largest-b-corp-in-

the-world
54. http://www.wealthandgiving.org/perspectives/2019/2/27/seeking-impact-five-years-on
55. http://www.danone.com/en/for-all/our-mission-in-action/our-unique-company/alimentation-revolution/
56. https://www.fooddive.com/news/danone-completes-acquisition-of-organic-foods-producer-whitewave/ 440356/
57. https://www.reuters.com/article/us-danone-outlook-ceo/danone-looks-to-ride-healthy-food-revolution-wave-idUSKBN19D1GA
58. 同上。
59. https://www.mckinsey.com/~/media/McKinsey/Business%20Functions/Sustainability/Our%20Insights/Toward%20a%20circular%20economy%20in%20food/Toward%20a%20 circular%20economy%20in%20food.ashx
60. http://iar2017.danone.com/vision-and-ambition/contribution-to-the-uns-sdgs/
61. https://www.danone.com/impact/planet/towards-carbon-neutrality.html
62. https://www.mckinsey.com/~/media/McKinsey/Business%20Functions/Sustainability/Our%20Insights/Toward%20a%20circular%20economy%20in%20food/Toward%20

a%20 circular%20economy%20in%20food.ashx

63. https://www.wsj.com/articles/danones-deputy-ceo-faber-to-become-chief-executive-1409677620
64. https://www.youtube.com/watch?v=PhuEtyH6SK4
65. https://www.fastcompany.com/3068681/how-chobani-founder-hamdi-ulukaya-is-winning-americas-culture-war
66. 同上。
67. 同上。
68. 同上。
69. 同上。
70. https://www.ted.com/talks/hamdi_ulukaya_the_anti_ceo_playbook/ transcript?language=en
71. 同上。
72. https://money.cnn.com/2016/01/20/news/refugees-business-davos-opinion/index.html
73. https://www.fastcompany.com/3068681/how-chobani-founder-hamdi-ulukaya-is-winning-americas-culture-war
74. https://www.nytimes.com/2018/08/24/business/hamdi-ulukaya-chobani-corner-office.

html
75. https://www.nytimes.com/2011/02/17/business/media/17adco.html
76. https://www.nytimes.com/2018/08/24/business/hamdi-ulukaya-chobani-corner-office.html
77. 同上。
78. https://assets.ctfassets.net/3s6ohrza3ily/5Bry9Rm Mqnd4dF0Yxr8Vy/bbc8cc7867a831c569b355169325354e/ COMP_2019_Sustainability_Project_v17.pdf
79. 同上。
80. 同上。
81. https://www.evesun.com/progress_folder/2019/pdf/progress9.pdf
82. 同上。
83. https://www.nytimes.com/2016/04/27/business/a-windfall-for-chobani-employees-stakes-in-the-company.html
84. https://www.forbes.com/sites/simonmainwaring/2018/08/27/how-chobani-builds-a-purposeful-culture- around-social-impact/#19e09b6e20f7
85. https://www.inc.com/christine-lagorio/chobani-founder-hamdi-ulukaya-founders-project.

html

86. https://www.nationalgeographic.com/news/2017/07/plastic-produced-recycling-waste-ocean-trash-debris-environment/

87. 同上。

88. http://www3.weforum.org/docs/WEF_The_New_Plastics_Economy.pdf

89. https://www.adidas-group.com/media/filer_public/8e/f1/8ef142c7-ac01-4cb3-b375-875106168555/2019_adidas_x_parley_qa_en.pdf

90. https://www.cnbc.com/2018/03/14/adidas-sold-1-million-shoes-made-out-of-ocean-plastic-in-2017.html

91. https://www.racked.com/2018/3/15/17124138/adidas-recycled-plastic-parley

92. https://qz.com/quartzy/1598089/adidass-futurecraft-loop-is-a-zero-waste-sustainable-sneaker

93. https://www.engadget.com/2019/04/17/adidas-futurecraft-loop-recycled-running-shoes-sustainability-speedfactory/

94. https://www.fastcompany.com/90335038/exclusive-adidass-radical-new-shoe-could-change-how-the-world-buys-sneakers

95. 同上。
96. 同上。
97. 同上。
98. 同上。
99. https://www.engadget.com/2019/04/17/adidas-futurecraft-loop-recycled-running-shoes-sustainability-speedfactory/
100. http://highlights.ikea.com/2018/facts-and-figures/home/index.html
101. https://www.ikea.com/us/en/about_ikea/newsitem/022615_pr_making-solid-wood
102. https://www.reuters.com/article/us-ikea-sustainability/ikea-to-use-only-renewable-and-recycled-materials-by-2030-idUSKCN1J31CD
103. https://www.youtube.com/watch?v=rRXNRq5P9O0
104. https://www.ikea.com/ms/en_US/pdf/people_planet_ positive/IKEA_Sustainability_Strategy_People_Planet_Positive_v3.pdf
105. https://news.theceomagazine.com/news/ikea-new-benchmark-renewable-furniture/
106. https://www.ikea.com/ms/en_US/pdf/people_planet_positive/IKEA_Sustainability_Strategy_People_Planet_Positive_v3.pdf

107. https://ftalphaville.ft.com/2019/02/20/1550638802000/Dis-assembling-IKEA-/
108. https://www.epa.gov/facts-and-figures-about-materials-waste-and-recycling/durable-goods-product-specific-data#FurnitureandFurnishings
109. https://www.bluebulbprojects.com/measureofthings/results.php?amt=9690000&comp=weight&unit=tns&searchTerm=9690000+tons
110. https://news.globallandscapesforum.org/32098/ikea-assembles-plan-to-reduce-emissions-in-the-atmosphere-by-2030/
111. 同上。
112. https://www.ft.com/content/da461f24-261c-11e9-8ce6-5db4543da632
113. 同上。
114. https://www.ft.com/content/da461f24-261c-11e9-8ce6-5db4543da632
115. 同上。
116. https://www.dwell.com/article/ikea-gunrid-air-purifying-curtains-81cf8714
117. https://www.ikea.com/ms/en_AU/this-is-ikea/people-and-planet/sustainable-life-at-home/index.html
118. http://highlights.ikea.com/2017/circular-economy/index.html

119. https://www.fastcompany.com/90236539/ikea-is-quickly-shifting-to-a-zero-emissions-delivery-fleet

120. https://www.consciouscapitalism.org/heroes/b-lab-founders

121. http://b-analytics.net/content/company-ratings

122. George Serafeim, DG Park, David Freiberg, T. Robert Zochowski "Corporate Environmental Impact: Measurement, Data and Insights" Harvard Business School Working Paper, Forthcoming March 2020. 所有的排放數據都來自彭博和／或湯森路透社，若前述資料庫沒有相關數據，則會使用 Exiobase 資料庫的數據進行推算。之後，再將排放數據（以排量計）與環境優先性策略系統（Environmental Priority Strategy，EPS）中的貨幣化估值相乘（Steen, "Monetary Valuation of Environmental Impacts" CRC Press, 2019），後者也是公開資料。

123. 環境成本的計算：George Serafeim, DG Park, David Freiberg, T. Robert Zochowski "Corporate Environmental Impact: Measurement, Data and Insights" Harvard Business School Working Paper, Forthcoming March 2020. 百事可樂的用水量：Bloomberg and Thomson Reuters Databases. 水價：Waterfund, LLC. 可口可樂的用水量：P.62 of Coca-Cola's 2018 Sustainability Report. Web: https://www.coca-colacompany.com/

content/dam/journey/us/en/policies/pdf/safety-health/coca-cola-business-and-sustainability-report-2018.pdf。

124. 環境成本的計算：George Serafeim, DG Park, David Freiberg, T. Robert Zochowski "Corporate Environmental Impact: Measurement, Data and Insights" Harvard Business School Working Paper, Forthcoming March 2020. 埃克森美孚的溫室氣體排放量和用水量：Bloomberg Database. 殼牌和英國石油的溫室氣體排放量和用水量：Bloomberg and Thomson Reuters databases。

125. 環境成本的計算：George Serafeim, DG Park, David Freiberg, T. Robert Zochowski "Corporate Environmental Impact: Measurement, Data and Insights" Harvard Business School Working Paper, Forthcoming March 2020. 戴姆勒的溫室氣體排放量：Thomson Reuters. 通用汽車的溫室氣體排放量：Both Bloomberg and Thomson Reuters. 福特的溫室氣體排放量：Both Bloomberg and Thomson Reuters. 戴姆勒、通用汽車和福特的公開銷售數據：Worldscope。

126. 環境成本的計算：George Serafeim, DG Park, David Freiberg, T. Robert Zochowski "Corporate Environmental Impact: Measurement, Data and Insights" Harvard Business School Working Paper, Forthcoming March 2020. 福特客車的油耗、汽車排氣管的排

放量、銷售量：“SASB Index 2018/19”. Ford. Web. https://corporate.ford.com/microsites/sustainability-report-2018-19/assets/files/sr18-sasb.pdf. 每年平均的行駛里程：根據美國運輸部轄下的美國聯邦公路總署的產業預測。https:// www.fhwa.dot.gov/ohim/onh00/bar8.htm。

127. “General Mills marks 10 years of health improvements”. General Mills News Releases. 2015 Feb 19. Web. https://www. generalmills.com/en/News/NewsReleases/Library/2015/February/health-metric

128. 通用磨坊二〇一八年的年報（10-K）。

129. 《美國飲食指南》。

130. Dariush Mozaffarian et al. “Trans Fatty Acids and Cardiovascular Disease”. The New England Journal of Medicine. 2006 April 13. Web. https://www-nejm-org.ezp-prod1.hul.harvard.edu/doi/full/10.1056/NEJMra054035?url_ver=Z39.88-2003&rfr_id=ori%3Arid%3Acrossref.org&rfr_dat=cr_pub%3Dpubmed

131. https://www.ft.com/content/3f1d44d9-094f-4700-989f-616e27c89599

132. https://www.goodreads.com/quotes/43237-it-s-only-whenthe-tide-goes-out-that-you-learn

5 影響力慈善事業的黎明

1. https://www.bridgespan.org/bridgespan/images/articles/how-nonprofits-get-really-big/How-Nonprofits-Get-Really-Big. pdf?ext=.pdf
2. http://www.nonprofitfinancefund.org/sites/default/files/nff/docs/2015-survey-brochure.pdf
3. http://www.urban.org/sites/default/files/publication/43036/411404-Building-a-Common-Outcome-Framework-To-Measure-Nonprofit-Performance.PDF
4. https://www.gov.uk/government/uploads/system/uploads/attachment_data/file/486512/social-impact-bond-pilot-peterborough-report.pdf
5. https://metro.co.uk/2017/08/10/what-happens-when-you-finally-get-released-from-jail-one-former-prisoner-explains-6831114/ and https://www.nacro.org.uk/resettlement-advice-service/support-for-individuals/advice-prisoners-people-licence-sex-offenders-mappa/advice-for-prisoners/
6. 最終，再犯率須降低七．五%以上，彼得伯勒債券投資人才能獲取收益。經過五年，針對兩批、每批一千名的囚犯進行輔導，英國政府決定重新設計假釋制度，以減少再犯問題和監獄成本，並將ＳＩＢ模式改為付費式服務。

7. https://www.brookings.edu/wp-content/uploads/2019/01/Global-Impact-Bonds-Snapshot-March-2020.pdf
8. https://www.brookings.edu/wp-content/uploads/2019/01/Global-Impact-Bonds-Snapshot-March-2020.pdf
9. https://www.brookings.edu/wp-content/uploads/2019/01/Global-Impact-Bonds-Snapshot-March-2020.pdf
10. https://www.bridgesfundmanagement.com/uks-first-social-impact-bond-fund-achieves-final-close-25m/and https://www.bridgesfundmanagement.com/bridges-closes-second-social-outcomes-fund-at-extended-hard-cap-of-35m/
11. https://www.bridgesfundmanagement.com/outcomes-contracts/
12. https://www.bridgesfundmanagement.com/outcomes-contracts/
13. 新堡大學（Newcastle University）在《英國醫學期刊》（*British Medical Journal*）上發表的評估報告顯示，健康情況有所改善。而新堡和蓋茨黑德醫療委員會小組（Newcastle and Gateshead Clinical Commissioning Group）發布的報告顯示，醫療保健成本有下降。

14. https://golab.bsg.ox.ac.uk/knowledge-bank/project-database/fair-chance-fund-west-yorkshire-fusion-housing/
15. https://www.youtube.com/watch?v=sJ-OfYW0hs&feature=youtu.be
16. https://www.kirkleesbetteroutcomespartnership.org/
17. https://impactalpha.com/prudential-kresge-and-steve-ballmer-back-maycomb-capitals-pay-for-success-fund/
18. https://www.livingcities.org/blog/1203-how-massachusetts-s-new-pfs-project-will-help-make-the-american-dream-a-reality
19. https://www.nytimes.com/2007/02/27/education/27esl.html and https://socialfinance.org/wp-content/uploads/MAPath ways_FactSheet.pdf
20. https://thewell.worlded.org/the-massachusetts-pathways-to-economic-advancement-pay-for-success-project/
21. 美國社會金融。
22. https://thewell.worlded.org/the-massachusetts-pathways-to-economic-advancement-pay-for-success-project/
23. 同上。

24. Brookings Institution Global Impact Bond Database,16 January 2020.
25. http://govinnovator.com/emily_gustaffson_wright/
26. https://www.un.org/press/en/2019/dsgsm1340.doc.htm
27. http://instiglio.org/educategirlsdib/wp-content/uploads/2015/09/Educate-Girls-DIB-Sept-2015.pdf
28. http://www.instiglio.org/en/girls-education-india/
29. https://www.brookings.edu/blog/education-plus-development/2018/07/13/worlds-first-development-impact-bond-for-education-shows-successful-achievement-of-outcomes-in-its-final-year/
30. http://instiglio.org/educategirlsdib/wp-content/uploads/2018/07/Educate-Girls-DIB_results_brochure_final-2.pdf
31. 同上。
32. https://www.brookings.edu/wp-content/uploads/2019/01/Global-Impact-Bonds-Snapshot-March-2020.pdf
33. https://www.brookings.edu/research/impact-bonds-in-developing-countries-early-learnings-from-the-field/

34. https://www.devex.com/news/icrc-launches-world-s-first-humanitarian-impact-bond-90981
35. *Learning Generation: Investing in education for a changing world*, The Education Commission, 2017.
36. https://www.livemint.com/Education/XRdJDgsAbwnSAH8USzyCWM/11-million-development-impact-bonds-launched-to-improve-edu.html, https://www.brookings.edu/blog/education-plus-development/2018/09/25/a-landmark-month-for-impact-bonds-in-education/, https://indiaincgroup.com/prince-charles-backs-new-education-bond-india/ and https://www.britishasiantrust.org/our-impact/innovative-finance
37. https://www.socialfinance.org.uk/projects/liberia
38. 同上。
39. 兩人在著作：*Getting Beyond Better: How Social Entrepreneurship Works*，向讀者呼籲系統性變革的重要性。
40. https://www.fordfoundation.org/ideas/equals-change-blog/posts/unleashing-the-power-of-endowments-the-next-great-challenge-for-philanthropy/
41. https://www.rockefellerfoundation.org/our-work/initiatives/innovative-finance/

42. https://obamawhitehouse.archives.gov/blog/2016/04/21/steps-catalyze-private-foundation-impact-investing
43. http://www.legislation.gov.uk/ukpga/2016/4/section/15/enacted
44. https://www.appositecapital.com/mission/
45. https://www.gsttcharity.org.uk/who-we-are/our-finances/how-we-are-financed/our-endowment and https://www.gsttcharity.org.uk/what-we-do/our-strategy/other-assets/property-and-estates
46. 使命相關投資指的是，基金會將投資作為實現慈善目標的管道。
47. http://www.fordfoundation.org/ideas/equals-change-blog/posts/unleashing-the-power-of-endowments-the-next-great- challenge-for-philanthropy/
48. https://nonprofitquarterly.org/can-ford-foundations-1-billion-impact-investing-commitment-alter-field/
49. https://www.fordfoundation.org/ideas/equals-change-blog/posts/unleashing-the-power-of-endowments-the-next-great-challenge-for-philanthropy/
50. https://efc.umd.edu/assets/m2e/pri_final_report_8-05-13.pdf
51. https://www.fastcompany.com/40525515/how-the-ford-foundation-is-investing-in-

change

52. 同上。

53. https://ssir.org/articles/entry/eight_myths_of_us_philan thropy and http://data.foundationcenter.org/#/foundations/all/nationwide/top:assets/list/2015

54. https://www.fastcompany.com/40525515/how-the-ford-foundation-is-investing-in-change

55. https://www.packard.org/wp-content/uploads/2015/10/ Packard_MIR_2015OCT51.pdf

56. https://mcconnellfoundation.ca/impact-investing/

57. https://mustardseedmaze.vc/

58. https://knowledge.wharton.upenn.edu/article/from-backstreet-to-wall-st-ep-09/

59. http://www.blueorchard.com/sasakawa-peace-foundation-invest-blueorchards-flagship-fund/

60. https://www.forbes.com/sites/annefield/2015/02/26/f-b-heron-foundation-is-going-all-in/#6d2f79386d2f

61. https://www.forbes.com/sites/annefield/2017/03/30/mission-accomplished-how-the-heron-foundation-went-all- in/#405717a04d17

62. 同上。
63. https://nonprofitquarterly.org/nathan-cummings-no-longer-just-experimenting-impact-investing/
64. https://www.top1000funds.com/2019/05/foundations-should-invest-for-impact/
65. https://www.forbes.com/sites/laurengensler/2015/11/06/lisa-charly-kleissner-kl-felicitas-impact-investing/#3fa5c38138e7
66. https://toniic.com/t100-powered-ascent-report/
67. 同上。
68. http://www.toniic.com/100-impact-network/
69. https://www.bridgespan.org/insights/library/remarkable-givers/profiles/pierre-omidyar/don%e2%80%99t-start-a-foundation-pierre-omidyar-ignores-e
70. 同上。
71. 同上。
72. https://www.omidyar.com/financials 自成立以來承諾投資的總金額超過十五・三億美元；自成立以來的營利性投資為七・一三億美元；自成立以來的非營利捐款八・二二億美元。

73. https://www.bridgespan.org/insights/blog/give-smart/impact-investing-ebay-founder-pierre-omidyar
74. http://skoll.org/about/about-skoll/
75. 同上。
76. https://thegiin.org/research/spotlight/investor-spotlight-capricorn-investment-group
77. https://www.saildrone.com/
78. https://www.gatesfoundation.org/How-We-Work
79. https://sif.gatesfoundation.org/what-we-do/ 請注意，這些投資資金屬於「專案相關投資」，該專有名詞係出自美國《國內稅收法典》（Internal Revenue Code），此法規定私人基金會的慈善投資。
80. http://www.investwithimpact.co/principal-venture-capital-bill-melinda-gates-foundation/
81. https://sif.gatesfoundation.org/impact-stories/empowering-women-strengthening-families/
82. https://beyondtradeoffs.economist.com/improving-lives-innovative-investments
83. http://www.investwithimpact.co/principal-venture-capital-bill-melinda-gates-foundation/
84. 注：當時該筆捐款的價值為四百五十億美元。https://www.businessinsider.com/mark-

zuckerberg-giving-away-99-of-his-facebook-shares-2015-12
85. https://www.facebook.com/notes/mark-zuckerberg/a-letter-to-our-daughter/10153375081581634/
86. https://www.macfound.org/press/press-releases/150-million-catalytic-capital-help-address-critical-social-challenges/
87. https://www.forbes.com/sites/kerryadolan/2019/04/16/questioning-big-philanthropy-at-the-skoll-world-forum-is-it- too-powerful-and-out-of-touch/#375764b76253
88. https://www.bertelsmannstiftung.de/fileadmin/files/user_upload/Market_Report_SII_in_Germany_2016.pdf
89. https://www.social finance-org-uk/resources/publications/portuguese-social-investment-taskforce-blueprint-portugal%22%80%99s-emerging-social

6 帶頭向前衝！‧重新定位政府角色

1. https://digitalcommons.pepperdine.edu/cgi/viewcontent.cgi?article=2448&context=plr
2. https://www.thebhc.org/sites/default/files/beh/BEHprint/v023n2/p0001p0026.pdf
3. ‘Catalysing an Impact Investment Ecosystem’

4. https://www.equalityhumanrights.com/en/advice-and-guidance/reporting-requirements-uk, https://www.theguardian.com/sustainable-business/eu-reform-listed-companies-report-environmental-social-impact and https://carboncredentials.com/the-uk-transposition-of-the-non-financial-reporting-directive/
5. https://www.globalelr.com/2019/04/eu-issues-new-sustainable-investment-disclosure-rules/
6. 同上。
7. https://www.gov.uk/government/publications/social-impact-bonds-unit-cost-data
8. http://gsgii.org/wp-content/uploads/2018/10/GSG-Paper-2018-Policy.pdf
9. https://onevalue.gov.pt/?parent_id=25
10. http://www.globalvaluexchange.org/news/b07bcb501c
11. https://group.bnpparibas/en/news/social-impact-contracts-bnp-paribas-invests-social-innovation
12. http://gsgii.org/wp-content/uploads/2018/10/GSG-Paper-2018-Policy.pdf
13. 同上。
14. https://www.socialventures.com.au/sva-quarterly/how-government-can-grow-social-

impact-investing/

15. https://commonslibrary.parliament.uk/research-briefings/cbp-7585/
16. 'Bridges Fund Management – Social Outcomes Contracts: An Overview', 2019
17. https://www.csis.org/analysis/leveraging-impact-investment-global-development
18. https://www.gouvernement.fr/sites/default/files/locale/piece-jointe/2019/07/g7_financing_for_sustainable_development_declaration_cle0973b7.pdf
19. http://www.theimpactprogramme.org.uk/
20. https://www.cdcgroup.com/en/catalyst/
21. http://villageenterprise.org/our-impact/development-impact-bond/
22. https://www.devex.com/news/new-dib-brings-in-big-donors-provides-biggest-test-of-model-to-date-91137
23. https://www.bridgesfundmanagement.com/village-enterprise-closes-investment-for-first-development-impact-bond-for-poverty-alleviation-in-sub-saharan-africa/
24. https://www.civilsociety.co.uk/news/government-takes-next-steps-in-releasing-billions-of-pounds-in-dormant-assets.html
25. https://bigsocietycapital.com/impact-stories/

26. http://gsgii.org/wp-content/uploads/2018/10/GSG-Paper-2018-Wholesalers.pdf
27. https://www.reuters.com/article/us-japan-economy-impact-investment/japan-urged-to-tap-dormant-bank-accounts-to-promote-impact-investment-idUSKCN1G316H
28. http://gsgii.org/wp-content/uploads/2018/10/GSG-Paper-2018-Policy.pdf
29. https://www.gov.ie/en/publication/f24ad0-dormant-accounts-action-plan-2019/
30. https://impactinvesting.marsdd.com/unclaimed-assets/
31. https://nextcity.org/daily/entry/sba-program-seeks-to-change-venture-capital and https://independentsector.org/news-post/the-federal-government-and-impact-investing/
32. https://www.willistowerswatson.com/en-CA/insights/2019/02/global-pension-assets-study-2019
33. https://www.bigsocietycapital.com/what-we-do/current-projects/social-investment-tax-relief/get-sitr#SITR-case-studies
34. 視投資的形式／時間長短而定：https://www.taxpolicycenter.org/briefing-book/what-are-opportunity-zones-and-how-do-they-work。
35. 只要投資人五年內不賣股。https://finansol.org/en/how-to-become-a-solidarity-based-saver-or-investor.php

36. http://gsgii.org/wp-content/uploads/2018/10/GSG-Paper-2018-Policy.pdf
37. https://www.finansol.org/_dwl/social-finance.pdf
38. 近似值。(https://www.poundsterlinglive.com/bank-of-england-spot/historical-spot-exchange-rates/gbp/GBP-to- USD-1981)
39. 近似值。(https://fxtop.com/en/historical-currency- converter.php?)
40. https://access-socialinvestment.org.uk/us/the-story-so-far/ and https://www.socialventures.com.au/sva-quarterly/how-government-can-grow-social-impact-investing/
41. http://koreabizwire.com/govt-to-boost-policy-support-for-social-impact-investments/116052
42. http://gsgii.org/wp-content/uploads/2018/10/GSG-Paper-2018-Policy.pdf
43. https://docs.jobs.gov.au/system/files/doc/other/sedifevaluation.pdf
44. http://impactstrategist.com/case-studies/social-enterprise-development-investment-funds/
45. http://gsgii.org/wp-content/uploads/2018/10/GSG-Paper-2018-Policy.pdf
46. https://ssir.org/articles/entry/french_law_revisits_corporate_purpose
47. http://gsgii.org/wp-content/uploads/2018/10/GSG-Paper-2018-Policy.pdf
48. https://www.devex.com/news/opinion-the-impact-imperative-for-sustainable-

development-finance-94142

49. https://www.responsible-investor.com/home/article/pay_for_success_the_latest_thinking_on_social_impact_bonds/

7 扭轉危機的影響力資本主義

1. https://news.rpi.edu/luwakkey/2902
2. 根據美國證券業暨金融市場協會的資料。
3. https://www.bloomberg.com/news/articles/2019-02-05/british-prince-meets-bond-markets-for-women-empowerment-in-asia

影響力革命

Impact: Reshaping Capitalism to Drive Real Change

作　　者　羅納德・柯恩爵士（Sir Ronald Cohen）
譯　　者　張嘉文
主　　編　呂佳昀

總 編 輯　李映慧
執 行 長　陳旭華（steve@bookrep.com.tw）

社　　長　郭重興
發行人兼出版總監　曾大福
出　　版　大牌出版 / 遠足文化事業股份有限公司
發　　行　遠足文化事業股份有限公司
地　　址　23141 新北市新店區民權路 108-2 號 9 樓
電　　話　+886- 2- 2218-1417
傳　　真　+886- 2- 8667-1851

印務協理　江域平
封面設計　陳文德
排　　版　新鑫電腦排版工作室
印　　製　通南彩色印刷有限公司
法律顧問　華洋法律事務所　蘇文生律師

定　　價　500 元
初　　版　2021 年 12 月

國家圖書館出版品預行編目資料

影響力革命 / 羅納德・柯恩爵士（Sir Ronald Cohen）作 ; 張嘉文 譯 .
-- 初版 . -- 新北市 : 大牌出版 ; 遠足文化事業股份有限公司 , 2021.12
面 ;　公分

譯自：Impact : reshaping capitalism to drive real change

ISBN 978-986-0741-69-8 (平裝)

1. 資本主義　2. 社會價值　3. 投資

550.187　　110017739